KB124900

SAVE THE SCHOOL

학교폭력으로부터
학교를 구하라

SAVE THE SCHOOL

학교폭력으로부터 학교를 구하라

초판 1쇄 발행 2018년 8월 10일
초판 2쇄 발행 2019년 1월 14일

지은이 | 왕건환 김성환 박재원 이상우 정유진

발행인 | 김병주
출판부문대표 | 임종훈
주간 | 이하영
편집 | 박현조
일러스트 | 홍윤이
디자인 | 인투
마케팅 | 박란희
펴낸 곳 | (주)에듀니티 (www.eduniety.net)
도서문의 | 070-4342-6124
일원화 구입처 | 031-407-6368
등록 | 2009년 1월 6일 제300-2011-51호
주소 | 서울특별시 서대문구 연희로2길 76 4층

ISBN 979-11-85992-82-2 (13370)
값은 표지에 있습니다.

SAVE THE SCHOOL

학교폭력으로부터
학교를 구하라

왕건환 김성환 박재원 이상우 정유진 지음

ᅌᅩ에듀니티

학교폭력예방법 15년, 학교폭력을 다시 바라볼 때

대한민국에서 학교폭력이 우려스럽지 않다고 말하는 사람은 없다. 마찬가지로 학교폭력을 해결하기 쉽다고 말하는 사람도 없다. 언론에서도 심각한 학교폭력 사건을 대서특필하고, 일반 국민들도 학교폭력을 엄벌해서 학교폭력을 뿌리 뽑아야 한다고 목소리를 높인다.

학교폭력의 심각성이 사회적으로 대두되고 이를 해결하기 위해서 2004년 〈학교폭력 예방 및 대책에 관한 법률*〉(이하 '학교폭력예방법')이 제정되었다. 이제 15년이 지났다. 그동안 학교폭력의 정의는 더욱 넓어지고 초 · 중 · 고등학교에 설치된 〈학교폭력대책자치위원회〉(이하 '학폭위')**의 역할이 강화되면서, 학교폭

---

* 학교폭력예방및대책에관한법률[시행 2004.7.30] [법률 제7119호, 2004.1.29. 제정]
** 〈학교폭력대책자치위원회〉의 공식적인 줄임말은 '자치위원회'이지만, 의미가 명확히 전달되지 않아 이 책에서는 '학폭위'로 한다.

력 사안을 다루고 가해학생과 피해학생에게 교육적 처분을 내리는 일이 크게 증가했다.

그럼에도 불구하고 학교폭력 문제가 나아졌다고 생각하는 사람들은 많지 않다. 외적으로 드러나는 학교폭력의 발생 건수나 폭력의 강도는 약해졌을지 몰라도 학교폭력이 보다 은밀해지고 교묘해져서 학생들의 피해는 여전하다는 의견이 많다.

언론에서 학교는 학교폭력을 축소·은폐하고 사건을 무마하는 곳으로 비춰진다. 사태를 덮어버리는 것에 급급하여 피해학생을 제대로 보호하지 못하고, 가해학생은 제대로 된 처벌을 받지 않아서 피해학생과 가족의 고통은 극에 달하고, 가해학생과 학부모는 적반하장 격으로 잘못을 인정하기는커녕 사과도 하지 않고 도리어 피해학생을 탓하는 모습이 비춰진다. 학교는 이런 모순된 상황을 전혀 해결하지 못하고 책임만 회피하는 기관으로 일반 국민들에게 인식되곤 한다.

문제는 일반 국민들이 언론을 통해서만 학교폭력의 심각성을 접하다보니 학교폭력의 현실을 제대로 이해하기 어렵다는 점이다. 특히 학부모는 자녀가 학교폭력을 당했을 경우 어떻게 대처해야 할지 막막함을 느낀다. 자녀가 보호받고 치유되고 있다기보다는 방치되었다고 느끼고 가해학생에 대한 처벌은 가볍다고 생각한다. 반대로 가해학생의 부모는 자녀가 사소한 일로 범죄자 취급을 당했다고 여긴다. 학교가 교육보다는 사법적 처벌에 급급하여 자녀가 학교폭력 절차의 또 다른 피해자가 되었다고 생각한다. 아이만큼이나 부모도 고통스럽다.

학교폭력의 양상은 매우 다양하다. 언론에서 등장하는 사례처럼 아주 심각한 학교폭력도 있지만, 사소한 다툼이 대부분이다. 초등학교 1학년 사이의 사소한 말싸움까지 학폭위에서 학교폭력 정식 사안으로 다뤄져 아이들이 징계를 받고, 이것이 행정심판, 행정소송으로까지 이어지기도 한다. 과연 이런 과정이 학교폭력 예방에 도움이 될 수 있을까?

장면 1 한 아이가 친구의 뒤통수를 치고 도망간다. 맞은 아이가 따라가서 잡고 팔뚝이나 엉덩이를 때린다. 그리고 다시 도망을 간다. 서로 따라가서 잡고 때리며 웃고 논다. 한 아이가 "선생님 학교 폭력이에요!"라고 주의를 끈다. 교사가 주의를 주고 말리면, '우리끼리 장난으로 그러는데 왜 화내느냐'고 오히려 대든다.

장면 2 여학생 A와 B가 이야기를 나눈다. A는 C에게 기분 상한 일이 있어서 놀지 않을 것이라고 한다. 그러자 B는 A와 관계를 유지할지, C와 관계를 유지할지 고민에 빠진다. A는 그저

C에 대한 자기 생각을 말했을 뿐이다. B는 학급 내에서 인기가 좋은 A와 더 친하게 지낼 생각이다. C는 눈치를 채고 스트레스를 받아 자신이 집단 따돌림을 당하고 있다며 담임교사에게 도움을 요청한다. 학폭법으로는 학폭위를 열어야 할 사안이다. 그런데 이런 문제가 사법적으로 해결 가능할까.

장면 3 자녀가 선도위나 학폭위에서 퇴학 처분을 받았다. 법은 허술해 보이고, 게다가 법을 제대로 알지도 못하는 교사와 학부모 위원들이 내린 결정이라니 학부모 입장에서는 우습다. 변호사를 수임하고 졸업 시까지 소송을 진행한다. 장기간의 소송 중에 졸업식을 넘겼고, 결국 조치 취소 판결을 받는다. 학교는 만신창이가 되었다.

장면 4 한 학생이 자살했다. 그 학부모는 누군가의 괴롭힘 때문에 자살한 것이라고 주장하며 학폭위에서 가해학생 처벌을 요청했다. 뚜렷한 증거가 발견되지 않았으나 학폭위 준비로 인해 학교는 마비되었고, 학폭위 회의 진행에 10시간 이상이 소요되었다. 수사관들도 밝히기 어려운 진실을 교사가 어떻게 밝힌단 말인가.

장면 5 학우를 유인해 괴롭히다 죽음에 이르게 하거나 집단으로 성폭행하는 등 충격적인 사건이 일어나면 신문과 방송에서는 선정적인 보도를 계속 내보낸다. 학교에서 내릴 수 있는 최대한의 처분은 중학생까지는 강제 전학, 일반 고등학생의 경우 퇴학이다. 이 절차를 위해 학교는 사안 조사부터 시작하여 상당한 행정력을 쏟아야 한다.

　학교가 학교폭력 사안 수습을 위해 아무리 최선을 다해도 피해학생과 학부모는 가해학생과 학교를 원망한다. 가해학생과 학부모도 마찬가지다. 학교폭력 사안의 엄격하고 복잡한 행정 절차로 인해 정상적인 학교수업이 어렵게 된 것은 어제오늘의 일이 아니다. 그럼에도 이러한 부분은 간혹 학교에 관련된 다큐멘터리나 신문에서 심층 기사로만 다뤄질 뿐, 일반 국민들에게는 잘 알려지지 않기 때문에 학교폭력이 발생했을 때 학교에서 어떤 일이 벌어지는지 알지 못한다. 마치 교통사고의 형태가 수없이 많은 것과 비슷하다. 이처럼 학교폭력 형태의 복잡한 형태만큼이나 해결의 전개 양상 또한 다양한데 이에 대해서 자세히 다룬 책들이 드물었다. 그간 출판된 책들은 대부분 학교폭력의 심각성을 부각시키면서 학교폭력 문제를 어떻게 해결하고 예방할 수 있을지에 대한 일반적인 대처법에 중점을 두어왔기 때문이다.

　만약 학교폭력예방법을 사설 학원에도 적용하면 어떻게 될까? 아마 아무런 일도 벌어지지 않을 것이다. 문제가 될 만한 학생이면 학원에서 받지 않는다. 혹시 문제가 생기면 퇴원 조치하면 그만이다. 진상 학부모도 학원에는 거의 보이지 않는다. 감당하기 어려우면 수강료를 환불해주면 그만이기 때문이다. 학원에는 학력 격차 문제도, 학습 부진아 문제도 생기지 않는다. 자기 마음에 드는 학생만 골라 그중에서도 열심히 하는 학생에게 집중해 성적 향상 효과를 입증하면 돈을 벌 수 있기 때문이다.

사설 학원이 자신들이 직접 선별한 학생을 대상으로 한 성적 또는 입시 경쟁력 관리 서비스 기관이라면 학교는 모든 학생을 품고 가야 하는 책임 교육기관이다. 간혹 학교와 학원을 비교하는 이야기를 듣게 된다. 학원은 유능한데 학교는 무능하다느니, 학원 강사는 노력하는데 학교 선생은 안주한다느니 하는데 원래 비교 대상이 될 수 없다. 학교에 문제가 많아 학교폭력이 생기는 것이 아니라 학교폭력 때문에 학교가 곤경에 처한다는 말이 사실에 가깝다.

이 책의 공동 저자 5명은 수차례의 사전 협의를 갖고, 합숙하며 학교폭력에 대한 난상토론을 펼쳤다. 집필진은 초등교사 3명, 중등교사 1명, 부모교육 전문가 1명으로 구성되었다. 〈사람과 교육연구소〉와 〈행복교실〉 대표 정유진 교사, 학급긍정훈육

(PDC)을 우리나라에 도입한 김성환 교사, 법학을 전공한 경기도 교육청 학교폭력 현장지원단 초등위원 이상우 교사, 중등 생활지도의 선구적 역할을 한 〈돌봄치유교실〉의 현 카페지기인 왕건환 교사, 부모교육 멘토이자 교육전문가인 〈행복한 공부연구소〉 박재원 소장이 참여했다. 그간 학교폭력에 대한 책들은 주로 상담학 전공 교수팀이나 변호사, 또는 학교폭력 관련 연구 모임의 교사들이 썼으나 이번에는 초등교사와 중등교사, 학교 교사와 일반 교육전문가의 만남으로 학교폭력에 대해 학교 안팎의 미시적·거시적인 측면을 폭넓게 다루었다.

입체적인 인식과 현실적인 실천으로

현재 교사들에게 많이 읽히고 있는 학교폭력 관련 책들은 교실에서 할 수 있는, 학교폭력 예방 차원의 개인 상담과 집단 상담프로그램 또는 학교폭력이 발생했을 때 피해학생과 가해학생의 치유와 교육을 돕는 내용을 담고 있다. 하지만 상담이론에 근거한 이러한 학급 차원의 상담 심리 프로그램은 교실 안 상담적 접근이라는 측면에서 한계가 있다. 학교폭력의 양상은 학급이나 학교를 뛰어넘는다. 상담이론으로만 접근하는 것은 분명 한계가 있다. 학교폭력은 교육적 측면과 사회학적 측면에서 다뤄

저야 할 필요가 있다. 〈학교폭력 예방 및 대책에 관한 법률〉이 있는 상황에서 상담의 시야로만 학교폭력을 바라보는 것은 학교폭력에 대한 인식과 해결의 폭을 지나치게 축소하고 낭만적으로 접근하게 할 위험이 있기 때문이다. 저자들은 이 부분에 주목하여 교사 개인 차원의 해결, 학생 개인 차원의 해결, 교사와 학생 간의 해결, 학급 차원의 해결, 학교 차원의 해결, 학교 밖 차원의 해결로 단계를 구분하여 점진적인 해결 방법을 제시했다. 또한 평화롭고 행복한 교실을 만들기 위해서 이미 수천 명의 교사들이 적용하고 효과를 경험한 『학급운영시스템』(정유진, 에듀니티, 2015), 『학급긍정훈육법 : 활동편』(테레사 라살라 외 2명, 에듀니티, 2015)에서 다루고 있는 학급프로그램을 소개했다.

　우리 사회가 학교폭력의 심각성만 부각해서 얘기하다 보니 일반 국민과 학부모는 학교폭력이 학교에서 발생했을 때 구체적으로 어떤 과정과 절차가 진행되는지 알기 어려웠다. 그리고 이것이 관련 학생과 학부모, 학급의 다른 학생, 학교의 교육 과정 운영에 어떤 영향을 미치는지에 대한 깊이 있는 논의도 부족했다. 이 책에서는 학교폭력이 발생했을 때 학교에서는 어떻게 이 일을 다루고, 학교폭력 사안이 학생-학부모-교사-관리자에게 어떤 영향을 미치는지, 그로 인해 학교가 어떤 어려움을 겪고 있는

지에 대해 자세히 서술하려고 노력했다.

학교폭력에 대한 그간의 해결법은 본문에서도 언급하고 있듯이 '소 잡는 칼로 닭 잡는 격'이었다. 하지만 이제는 교육적으로 접근할 것은 교육적으로 접근하고, 상담으로 할 부분은 상담으로 치유해야 한다. 성장기에 자연적으로 발생하는 갈등이라면 조정의 과정으로 관계를 회복시킬 수 있다. 사소한 폭력으로 받아들여질 수 있는 부분에 대해서는 진심어린 사과와 용서로 해결할 수 있다. 학폭위의 정식 사안으로 다루어야 할 사안은 그렇게 다루되, 사법적인 처벌의 관점보다는 교육적으로 접근하여, 적합한 교육적 처분과 함께 학교가 상호간 분쟁을 조절하는 역할에 초점을 맞추어야 할 것이다. 학교에서도 처리하기 힘든 심각한 폭력 사안에 대해서는 학교에서 다루기보다는 학교 밖의 교육청이나 지자체의 독립기관에서 다룰 것을 제시하였다. 사안의 성질과 심각한 정도에 따라 접근법을 세분화하였다.

현재의 학교폭력 대처 방식은 한마디로 두려움과 공포의 일상화이다. 피해를 당한 학생이나 피해를 입힌 학생이나 또 다른 피해와 처벌을 두려워한다. 부모들은 가해든 피해든 내 자녀가 정상적인 학교생활이 어려워질까 봐 두렵다. 교사들 또한 마찬가지다. 학교폭력이 발생하여 학생들이 고통을 당하고, 자신 역시 학교폭력 사안처리 과정에서 갖은 민원과 끝없는 분쟁에 시달리고, 자칫 복잡한 법규에 대한 오해와 업무상 실수로 징계받지 않을까 두려워한다.

두려움과 배움은 함께할 수 없다. 그럼에도 다들 각자의 입장에서 자신의 처지를 두려워하고만 있다. 우리가 진정 걱정해야 할 것은, 지금 우리가 학교폭력 문제를 교육적으로 해결하지 못한다면 그 피해가 학교는 물론 우리 사회로 고스란히 돌아온다는 사실이다. 이제는 학교폭력을 두려움의 관점에서 벗어나 학생 성장과 학교 평화의 관점으로 나아가야 한다. 학교폭력 엄벌주의에서 벗어나야 한다. 초·중·고등학교 각 발달 과정에 맞게 접근하고, 어떻게 하면 학교가 교육 본연의 역할에 충실할 수 있을 것인가를 다시 고민해야 한다.

저자들은 함께 모여서 집필을 기획하면서 다양한 문제 제기와 열띤 토론을 바탕으로 책의 전체 구성을 짜고, 각자 강점 있는 부분을 중심으로 역할을 분담하였다. 각자 맡은 부분을 중심으로 학교 현장의 경험과 생각을 충분히 드러내고 그것을 재구성하여 세부적인 내용을 추가하고 수정하는 작업을 계속 반복하였다. 생생한 학교 현장의 모습과 실질적이고 효과적인 대안을 함께 제시하고자 노력했다.

학교 현장의 교사들이나 학교폭력에 대해 궁금한 학부모, 교육부와 교육청의 학교폭력 관련 정책 담당자에게 학교 평화에 대한 새로운 시각을 이 책이 심어주리라 기대한다. 또한 학생, 학부모, 교사를 비롯한 학교 공동체 구성원들이나 정부와 국회, 언론에서도 〈학교문제해결시스템〉과 〈사회적 문제해결시스템〉을 새롭게 바라보는 기회가 되기를 바란다. 저자들은 이 문제를 해결하기 위해 언제든 의견을 나누고 협력할 준비가 되어 있다. 이 책을 읽는 여러분도 학교폭력의 현실을 이해하고 이겨낼 힘을 얻으시리라 확신한다.

— 왕건환, 김성환, 박재원, 이상우, 정유진

학교폭력을 대하는 슬기로운 해법

학교폭력 때문에 학교가 아프다. 학생과 학부모, 교사가 아프다. 학교폭력 앞에서 따뜻한 교육은 사라지고 냉정한 사안 처리만 남았다. 학생은 가해자 또는 피해자로 분류되어 정해진 절차에 따라 처분을 받는다. 학부모는 자기 아이에게 상처와 낙인이 남지 않게 하려고 소송까지 불사하며 안간힘을 쓴다. 교사는 무력하고 방어적인 행정 처리 담당자일 뿐이다. 사안 처리의 과정과 결과로 상처는 치유되지 않고 모두를 더 아프게 하며 낙인은 마음 깊은 곳에 더욱 짙게 새겨진다. 안타깝지만 학교폭력을 앓고 있는 학교의 현실이다.

끔찍한 학교폭력이 온 국민의 관심사가 되었고 중대한 사회 문제가 되었다. 강력한 처벌이 필요하다는 목소리가 높아짐에 따라 엄벌주의를 바탕에 둔 대응책이 쏟아져 나왔다. 학교폭력

대책자치위원회와 학교전담경찰관 제도가 도입되었고 강제 전학이나 학생부 기재 등 처벌이 날로 강화되었다. 이에 따라 학교 현장의 부담은 크게 늘었으나 실제로 학교폭력이 줄어들었는지는 의문이다. 법적 다툼은 큰 폭으로 늘었다. 지난 몇 년 간 재심 청구 건수, 행정소송이 두 배 이상 늘었다. 학생부 기재 등 처벌 위주의 학교폭력 대책이 가져온 부작용이다. 더 큰 문제는 교육이 설자리를 잃었다는 것이다. 학교가 교육기관이 아니라 법 절차를 이행하는 행정기관으로 전락하고 말았다.

학교는 학생들의 행위를 단죄하고 처벌하는 기관이 아니라 모든 학생들의 배움과 성장을 도모하는 곳이어야 한다. 범죄에 가까운 심각한 폭력도 있지만 크고 작은 갈등과 다툼은 성장 과정에서 있을 수 있는 일이다. 해결 과정에서 존중과 배려를 배우도록 하는 것이 교육이다. 학교를 교육기관으로 되돌려 놓을 새로운 해법이 필요하다.

긴 가뭄에 단비처럼 이 책이 반갑고 고맙다. 학교에서 생활부장을 몇 년씩 한 선생님들과 부모교육 전문가가 몸으로 겪고 마음으로 쓴 해답이다. 차가운 법의 눈이 아니라 따뜻한 교육의 눈으로 아이들을 보았다. 소 잡는 칼로 닭을 잡거나, 호미로 막을 것을 가래로 막는 어리석음을 범하지 않도록 정도에 따라, 주체와 대상에 따라 적절한 해결 방안을 내놓았다. 교실과 학교에서 당장 실행에 옮길 수 있어 현장의 선생님들에게 큰 도움을 줄 것이다. 이 책이 사람들의 생각을 바꾸도록 일깨우고 제도를 개선하는 길잡이가 될 것으로 기대한다.

가장 미워 보일 때가 가장 사랑이 필요한 때다. 이 책이 이끌어 주는 슬기로운 해법에 따라 학교가 학교폭력 앓이를 끝내고 사랑이 뛰노는 배움터로 거듭나기를 간절히 바란다.

최교진 (세종특별자치시 교육감)

학교, 다시 교육의 자리로

내가 첫 발령을 받은 초임 시절에만 해도 교사들은 '법 없이도 살 사람'이라는 말을 자주 들었다. 늘 아이들과 지내다보니 세상 물정에 어두워 사람이 박하지 않고 성실하다는 뜻을 담고 하는 말이니 일종의 덕담이었다. 그런데 시간이 지나면서 이런 말을 하는 사람이 드물어지더니 자연히 듣기도 어려워졌다. 사회가 분화하고 세상이 각박해지기도 했으니 당연한 현상이라고 해야 할까. 이런 사회 변화의 흐름은 교육 현장도 점차 삭막하게 만들었다.

각종 교육 관련 법령들이 늘어나기 시작하면서 학교로 전해지는 지침들이 늘어갔다. 교육법도 "교사는 법령에서 정하는 바에 따라 학생을 교육한다"라고 명시하고 있다. 이상한 것은 예비교사 때는 물론이고 현직교사가 될 때까지 교육법을 한 번도 배워본 적이 없다는 사실이다. 어쨌든 교사도 이제는 더 이상 '법 없이도 살 사람'은 못 되는 현실이라는 걸 알아가고 있다.

〈학교폭력예방 및 대책에 관한 법률〉(이하 '학교폭력예방법')은 2004년 1월 29일 법률 제7119호 제정되어 올해로 15년이 되었다. 이 기간 동안 학교폭력예방법은 시행령을 포함하여 34회의 개정이 이루어졌다(일부개정 13회, 전부개정 3회, 타법개정 17회). 그동안 지자체도 앞 다투어 조례를 제정했다. 학교폭력과 관련된 자치법규가 129건 만들어졌고, 행정심판은 79건이 진행되었으며, 헌재결정도 1건이 있었다. 같은 기간, 교육과 관련된 다른 법들의 연혁과 비교해 보면 학교폭력예방법에 대한 관심이 유독 높았다는 것을 알 수 있다.

이 세월 동안 나는 줄곧 학교에 몸담고 있었다. 학교폭력예방법이 만들어지기 전에도 같은 삶을 살았으니 이 법이 만들어지기 전과 후의 학교를 온몸으로 느끼며 살아온 셈이다. 어느 제도나 빛과 그림자가 있기 마련인데 이제는 학교폭력예방법도 이를 면밀하게 따져보아야 할 때가 되었다.

법 시행 이후 강력한 처벌 위주의 정책이 폭력에 대한 경각심을 불러일으켰고, 이는 학교폭력 사건 발생 건수의 감소로 나타났으니 결과적으로 효과를 본 것은 분명하다. 반면에 그림자도

깊다. 학교는 아이들을 가해자와 피해자로 가르고 시시비비를 가려야 하는 법정이 되었다. 학교폭력 가해 사실을 생활기록부에 기재하도록 강제하는 규정 때문에 소송으로 번지는 일도 적지 않았다. 교사는 교육적으로 지도하는 역할을 내려놓고 촘촘해진 매뉴얼에 따라 기계적으로 사안을 처리하고 이를 문서로 남기는 역할에 매달리게 되었다. 결과적으로 학교폭력을 법으로 잡기 위해 교육을 내놓은 꼴이 되어버렸다. 자연히 교사, 학생, 학부모의 불만도 늘어갔다.

이 불만의 목소리들은 학교폭력예방법에 대한 개정의 목소리로 모이고 있다. 교원 단체들은 한목소리로 교육적 조치가 강화되는 방향으로의 개정을 요구하고 있고, 당사자인 학생들과 보호자인 학부모도 처지와 상황에 따라 다른 목소리를 내기는 하지만 다들 관련법을 개정해야 한다는 데에는 이견이 없다. 학교폭력예방법을 주제로 교육 관련 단체들의 활발한 토론회가 열리기도 하고 국회의원들도 개정안에 대해 적극적인 의지를 표명하는 것을 보면 조만간 학교폭력예방법은 개정이 이루어질 듯하다.

이와 같은 때에 아주 반갑고 고마운 책을 만났다. 학생들과 일상을 살아가는 초중등 교사들이 중심이 되어 학교폭력에 대한 생생한 경험담을 모아 한 권의 책으로 담아낸 것이다. 이들의 이야기에는 법과 매뉴얼에서 찾을 수 없었던 교육적 가치가 한 가득 담겨있다. 한 손에 매뉴얼, 한 손에 교육자적 사명을 들고 고군분투했던 저자들의 생생한 목소리는 학교폭력의 실상을 이해하는 데 많은 도움이 될 것이라 기대한다.

이 책은 교육 현장에서 학생을 지도하는 교사라면 꼭 읽어야 한다. 매뉴얼에 얽매어 기계적으로 대처하는 대신 학교폭력 문제를 교육적으로 해석하고 능동적으로 해결해가는 두둑한 배짱을 키우는 데 도움이 될 것이다. 학교폭력예방법을 교육적으로 개정하기 위해 노력하는 사람도 반드시 읽어보아야 한다. 애초에 학교폭력예방법은 형법의 형식을 빌어 만들어졌다. 가해자를 마땅히 벌하여 응보적 정의를 실현하자는 것이었다. 그런데 교육적으로 학교폭력을 바라보면 징벌 못지않게 화해와 용서 또한 크게 다가온다. 즉 회복적 정의가 필요한 것이다. 학교폭력의 예방과 대책은 이제 징벌적 정의를 넘어 회복적 정의로 나아가야 한다. 이 책이 그 길로 나아가는 중요한 이정표가 될 것이다.

2018년 4월 27일, 남과 북의 정상이 판문점에서 만나 한반도의 전쟁을 종식하고 평화 체제로 나아가자는 역사적인 선언을 했다. 남과 북도 만나는 마당에 이제 학교도 폭력은 내려놓고 본래의 자리인 교육으로 돌아가야 한다. 학교의 평화를 갈구하는 많은 이들이 꼭 함께 읽어보기를 바란다.

정성식 (실천교육교사모임 회장)

CONTENTS

수렁에 빠진 학교

01
학생과 학부모의 아픔

학교폭력이라는 사건

인터넷 포털이나 공중파 방송에 등장하는 학교폭력 기사는 대중을 자극하는 뉴스로서 필요한 요소들을 다 갖추고 있다. 심각한 학교폭력 사안이 발생했음에도 학교측이 학폭 사안을 은폐·축소·무마하려 하고, 피해학생은 심각한 피해를 입어서 정상적인 학교생활이 불가능하고, 피해 학부모는 자녀에 대한 걱정으로 잠을 못 이루고 생업에 지장을 받으면서까지 자녀를 돌보느라 심신이 피폐해진다는 점이 강조된다. 이에 비해 가해학생은 진정한 반성도 하지 않고 가해학생 학부모도 적반하장 격으로 자녀의 잘못을 인정하지 않고 단순한 장난이라고 말하거나, 피해학생도 문제가 있다는 식으로 변명을 하여 피해학생과 학부모에게 2차 가해를 한다는 내용이 등장한다. 이러한 뉴스를

본 학부모는 피해학생 가족과 정서적으로 자신을 동일시하고, 내 자녀가 남에게 이러한 끔찍한 학교폭력을 당하면 어쩌나 하는 걱정과 불안에 휩싸인다.

위와 같은 사례도 분명 있다. 하지만 현장에서는 훨씬 더 다양한 사례들이 존재한다. 다음은 전형적으로 나타나는 사례들이다.

- 피해학생의 피해가 경미한데도 자녀 보호를 이유로 학부모가 강력한 처벌을 원하는 경우
- 관련 학생들은 서로 사과하고 화해하여 친하게 지내는데 학부모가 강력한 처벌을 원하는 경우
- 피해 정도의 차이는 있으나 양쪽 다 잘못이 있음에도 서로 자신이 피해자라고 주장하는 경우
- 증거가 불확실하여 사실규명이 쉽지 않음에도 서로 자기가 옳다고 주장하는 경우

학부모도 모든 다툼을 학교폭력 정식 사안으로 다루기를 원하지는 않는다. 서로 사과하고 마무리하는 경우도 있고, 피해가 경미해서 담임교사에게 후속 지도를 맡기는 경우도 자주 있다. 하지만 그 내용이 어떠하든 학교폭력으로 신고되어 학폭위의 정식 사안으로 다뤄지면 그때부터 정식 '학교폭력 사건'이 된다.

계속되는 피해

피해를 주장하는 학생의 학부모는 마치 자신이 직접 피해를 입은 듯 고통을 호소한다. 뇌과학에서는 어머니의 경우 자녀의 성공과 실패를 자신의 그것과 동일시하는 성향을 갖는다고 한다. 어머니들은 자신이 자녀를 보호해주지 못했다는 죄책감에 빠짐과 동시에 자녀의 피해를 막지 못한 교사를 원망한다. 최근에는 아버지들도 이 문제에 적극 개입해 나서고 있다. 자녀가 학교폭력을 당해서 속상한데다 아내와 자녀가 이로 인해 계속적인 스트레스를 받고 가정생활을 힘들어하는 것을 보며 분노를 느낀다. 이로 인해 가해학생에 대한 강력한 처벌을 요구하는 아버지들이 늘어나고 있다.

이러한 사례들을 살펴보면 학교폭력은 사건 자체보다는 그 처리 과정이 더 힘겨워 보인다. 사안 발생과 조사 과정, 학부모 상담, 학폭위 개최, 결과 통보까지 약 2주가 소요되는 이 기간 동안 온 가족이 정신적인 고통에 시달린다. 피해학생과 학부모는 가해자에게 강제 전학 같은 강력한 처벌이 내려지길 원한다. 그래야 재발을 막을 수 있고, 가해자로 인해서 내 자녀가 학교 다니는 데 불편하지 않을 것이라 믿는다. 그러나, 가해학생에 대한 처분(징계)은 피해의 심각성, 가해행위의 고의성과 지속성, 화해의 정도, 반성의 정도, 그외에도 장애학생인지 학생 선도 가능성이 있는지 등을 종합하여 판단하기 때문에 학폭위에서 강제 전학 처분을 내리는 경우는 매우 드물다. 이런 경우 학부모는 학폭위의 처분에 불만을 갖게 되어 학교를 불신하고 재심을 청구한다. 그러면 적어도 한 달 이상 학교폭력에 심리적으로 매이게 되고 온 가족의 고통도 계속된다.

증폭되는 분노

가해학생 쪽 입장은 어떨까? 언론에서 보도하는 것처럼 잘못을 저지르고 사과조차 하지 않고 버젓이 활개를 치고 다닐까? 대부분은 그렇지 않다. 가해학생이란 말 자체가 학생 자신뿐만 아니라 부모들에게도 큰 고통을 준다. 부모 입장에서는 자녀가 마치 범죄자 취급받는 것 같은 느낌을 받는다. 학교폭력 예방 교육을 아무리 철저히 해도 초중고 시절 아이들의 싸움을 원천봉쇄하는 것은 쉽지 않다. 우발적인 경우도 있고, 장난으로 시작해 몸싸움으로 이어지기도 한다. 그런데 이것도 현행 학교폭력예방법에서는 분명한 학교폭력이다. 학교폭력으로 신고되면 가해학생 진술서를 쓰고, 학폭위 회의에 참석해야 한다. 피해학생이 참석하지 않는 경우도 간혹 있지만, 가해학생이 참석하지 않으면 곤란하다. 위원들에게 반성의 정도나 선도 가능성이 낮게 평가될 수 있기 때문이다. 그러므로 가해학생은 참석하는 것이 학생 본인에게 낫다. 그런데 7~10명의 어른들이 자신을 집중해서 바라보는 것을 학생이 견디기는 쉽지 않다. 오죽하면 고교 3학년 학생의 학부모도 아이가 상처받을 것을 우려해 학폭위 회의 불참을 고려할까. 피해 학부모의 고통도 크지만, 가해학생과 그 학부모도 잠을 못 이룬다. 자녀가 처벌을 받고 생활기록부에 '학교폭력 가해자'라는 낙인이 찍힐 것 같은 두려움에 식사조차 제대로 못 한다고 한다. 가정의 분위기가 말이 아니다. 이것이 현행 학교폭력 대책 제도의 민낯이다. 하지만 일반인들은 그 실상을 제대로 알기 어렵다.

실제 현장에서 만난 피해 학부모는 가해학생 처분 결과에 만족하는 경우가 드물었다. 피해학생에 대한 보호와 상담이 제대로 이뤄지고 있지 않다며 불만을 표출하는 경우가 많았다. 그도 그럴 것이 교사들이 그렇게 할 물리적인 시간이 부족하고 '위(Wee) 클래스'(We+education/emotion Class, 학교 안에 설치된 상담실) 상담사가 항상 있는 것도 아니다. 가해 학부모도 불만은 마찬가지다. 그다지 큰 문제도 아니고 서로 사과하고 치료비를 배상하면 될 것을 굳이 학폭위를 열어서 자녀를 벌주고 생활기록부에 그 사실을 기재하는 것을 그들 입장에서는 받아들이기 어렵다. 이런 문제를 교육적으로 다루지 않고 처벌과 배제로 처리하는 것도 속상하다. 이 과정에서 양쪽 학부모는 자신이 억울한 부분을 주변 지인들에게 말하게 된다. 그런 이야기들이 와전되어 다시 자기 귀로 돌아오면서 서로에 대한 증오의 감정과 상처가 커진다.

학부모와 아이들의 이러한 고통을 교사들도 잘 알고 있다. 『교사, 교육개혁을 말하다』(실천교육교사모임 지음, 2017)에서 한 교사는 자신의 자녀가 학교폭력을 당한다 해도 절대 학폭위를 거치게 하지 않을 거라고 단언한다. 진심 어린 사과를 받고 안전공제회를 통한 치료 등 합리적인 방식으로 합의를 할 것이란다. 그런데 현행법상 안전공제회의 치료비 지원을 받으려면 우선 학폭위를 열어 '피해자 보호 조치'인 '치료 및 치료를 위한 요양' 조치를 받아야 한다. 현행 학교폭력 처리 과정 자체가 비합리적이며 관련 학생과 학부모 모두에게 고통을 안겨준다는 사실을 학교폭력 업무 처리 과정을 직접 지켜본 교사도 증거하고 있는 것이다.

02

교사의 신음

교육현장과 거리가 먼 임용시험

현행 교사 임용시험의 출제 내용은 상당 비중이 전공 분야의 교과 지식이다. 기본적으로 교육 과정 해설서의 주요 부분을 통으로 암기해야 한다. 초등은 교과서의 지엽적인 암기형 지식을, 중등은 영재고 수업 수준 이상으로 대학생도 풀기 어려운 세부적인 전공 지식을 제한시간 내에 정확히 써낼 수 있어야 1차 시험을 통과할 수 있다. 1차 시험 합격권 내에 드는 것부터가 상당히 어렵기 때문에 교사가 되기 위해서는 우선 임용시험 문제 맞추기에 집중할 수밖에 없다. 대개 출제자가 의도하는 핵심어를 얼마나 많이 썼는지 개수를 환산하여 점수를 매기는 방식으로 채점이 이루어지기 때문이다. 시험의 타당도를 높이려는 노력이 계속되고 있긴 하지만 선진국의 교원 양성 및 선발 절차에 비하면 아쉬움이 많다.

임용시험을 통과해 정교사로 임용되더라도 합격의 기쁨은 잠시, 예상치 못한 수많은 어려움에 노출된다. 사회초년생으로 직장생활을 시작하는 입장에서는 담임교사 역할과 함께 교과수업 하나를 제대로 진행하는 것만으로도 벅차다. 학급운영, 생활지도, 교과교육이 교사의 본질적 역할이지만 이를 제대로 익히기도 전에 행정 잡무에 시달리며 학교의 다양한 일들을 떠맡게 된다. 게다가 〈학교폭력예방 및 대책에 관한 법률〉(학교폭력예방법)과 〈학생인권조례〉가 본격 시행되고 로스쿨 출신 변호사가 배출되기 시작하면서 학내 생활지도는 훨씬 더 어려워졌다. 교육적으로 풀어가던 해법의 상당수가 더이상 통하지 않게 된 것이다.

선배 교사들이 하기 싫어하는 온갖 업무가 신규 교사나 기간제 교사, 막내 교사에게 집중된다. 만약 학교폭력을 담당하는 교사의 경력 비율을 조사 · 발표한다면 국민적 분노를 피할 수 없을 것이다. 신규 교사와 기간제 교사의 상당수가 생활지도부에 배치된다. 신규 2년차가 생활지도부장을 맡기도 한다. 준비되지 않은 교사들은 이런 상황에 당황하고 무력해지기 마련이다. 경력 교사들이 예전에 사용했던 방법인 카리스마나 엄벌, 위협 등도 이제는 더이상 통하지 않게 되었다.

학교는 특별 권력기관으로서 일반적인 법률의 적용을 직접 받지 않는 곳이었다. 학생들은 개선 가능성이 있는 존재로 여겨, 같은 범죄를 저질러도 성인보다 훨씬 약한 조치를 받았다. 교사의 지도 방법 역시 일반적인 법률의 적용 대상이 아니었고 학교와 학생에 관한 일은 법률적 판단이 아닌, 교육적 판단의 대상이었다. 그런데 이러한 특권의 부작용이 수십 년간 누적되어 개선 필요성에 국민적 공감이 형성되었고, 결국 체벌 금지를 비롯한 학생인권조례가 만들어졌다.

이러한 흐름은 학교폭력의 심각성을 인식하고 개선하는 데에 도움이 된 것도 사실이지만 또 다른 문제를 발생시켰다. 교육기관의 특성과 학생들의 발달상황에 대한 연구와 검토가 부족했던 것이다. 문제 발생 이후의 사법적 처벌 외에 생활교육의 가능성을 차단해버렸기 때문에 교육적으로 다뤄져야 할 사안조차도 사법적 처리가 이뤄지게 됐다. 이는 이전에 학급 차원에서 소화할 수 없던 심각한 문제들을 해결하는 데는 도움이 되었지만 담임교사와 학생들 사이에서 교육적인 방법으로 합의되고 해결되던 문제들마저도 학폭위에서 다루게 됨으로써 그 과정에서 회복이 어려운 더 큰 상처를 입는 경우가 훨씬 많아졌다.

학생인권조례로 인해 학생 인권의식이 개선된 부분도 있지만, 많은 문제의 소지들이 방치되기도 했다. 교사들이 학생들의 문제를 해결하기 위해 해왔던 여러 조치에서 손을 떼게 된 것이다. 지도 과정에서 학생이 기분 나빠할 말을 하면 언어폭력으로 인한 아동학대가 되고 소지품 검사도 함부로 할 수 없어 도난 사건 해결은커녕 담배 등 청소년 유해물품 단속마저도 포기하게 된다. 학생의 일탈을 막으려고 나섰다가 작은 실수라도 하게 되면, 교사는 민원을 받은 교육청의 감사와 징계는 물론 고소 고발의 대상이 되어 경찰 조사를 받게 된다.

교사를 모욕하거나 폭행하는 등 일탈 행동을 하는 학생에 대해서도 지도가 어렵게 되었다. 교권 침해 사건이 생기면 학교측은 언론에 오르내리지 않고 조용히 무마하는 데에 총력을 기울이게 된다. 남학생들이 여교사를 성희롱, 성추행하는 일도 흔하게 일어나며 스마트폰으로 교사의 치마 속을 촬영하여 전교생이 공유해서 보는 사건도 부지기수로 많지만 이런 일이 밝혀져도 학생은 기껏 특별 교육 정도의 처분만 받게 된다. 반면 피해교사의 교권은 보호받기 어렵다. 질병 휴가와 정신과 치료 지원, 전보 등 교권 보호를 위한 조치는커녕 교직에 대한 의욕과 자존감만 크게 손상되고 만다.

학교폭력 책임교사의 업무 폭증

학폭위의 조치는 가해학생의 학교생활기록부에 기록된다. 학교생활기록부는 국제중, 특목고, 자사고 입시 및 입학사정관제의 학생부 종합전형 등에 활용되고 있으며 특성화고 출신 학생을 채용하는 회사에서 지원 학생의 학교생활기록부를 요구하기도 한다. 이러한 생활기록부에 학교폭력 관련 사항 기재 여부를 결정하는 과정에서 상당한 행정력이 소모될 뿐만 아니라 무엇보다 '낙인효과'에 대한 우려가 깊어진다.

우리나라에서 미성년자는 웬만한 범죄를 저질러도 전과 기록이 남지 않게 되어 있다. 사회적 낙인으로부터 청소년을 보호하기 위해서다. 그럼에도 교육부는 이런 위헌적 조치를 학교생활기록 작성 및 관리지침에 정해두고 있다. 예를 들어 건장한 고등학생이 성인을 폭행하더라도 합의만 되면 훈방되며, 소년보호재판 후 소년원으로 송치된다 해도 전과 기록은 남지 않는다. 휴대폰 수십 대를 훔쳐 파는 절도죄를 저질러도 마찬가지다. 그런데 친구에게 욕한 일로 피해학생 부모가 요구해 학폭위가 열리고서면 사과 조치라도 받게 되면, 그 일이 고스란히 학교생활기록부에 남는다.

이러한 사건 한 번에 기본적으로 필요한 절차를 아래에 나열해 보았다. 물론 여기 빠진 것들도 있다. 학교폭력예방법에서 규정하고 있는 학교폭력의 개념은 상당히 넓기 때문에, 웬만한 다툼은 모두 '학교폭력 사안'으로 처리해야만 한다. 학교폭력을 은폐, 축소했다는 이유로 중징계를 받지 않으려면 말이다. 성인들끼리 싸움이 나더라도 경찰서에 가면 일단 서로 화해하고 합의하도록 경찰이 중재를 하기 마련이지만 지금의 교사는 학생들을 쌍방가해로 학폭위에 회부시켜야 한다. 그렇게 하지 않으면 교사 역시 중징계 대상이 되기 때문이다.

학폭위 진행에 필요한 절차

- 신고대장 작성
- 가피해 진술서 작성
- 보호자 확인서 가정으로 보낸 후 수합
- 전담기구 위원 일정 확인하여 개최 가능 여부 확인
- 전담기구를 위한 사안 조사서 작성
- 전담기구 기안 회의 개최 기안
- 전담기구 회의록 작성
- 전담기구 결과 보고 기안
- 학폭 위원 참여 가능 여부 확인
- 학교폭력 관련 학생 보호자 내교 통지서 작성
- 학폭위 개최 기안
- 내교 통지서 발송(내용증명 시 3부 준비)
- 학폭 위원들에게 하루 전 참석 여부 확인 및 관련 학생 담임에게 학부모 연락 부탁
- 회의록 작성
- 관련 학생용 결과 보고서 작성

- 학폭위 회의 결과 내부 기안
- 관련 학생용 결과 통지서 발송(내용증명 시 3부 준비)
- 학폭위 결과 보고 교육청용 서류 작성
- 학폭위 교육청 보고 외부 기안
- 나이스에 학교폭력 관련 정보 입력
- 이의 없으면 학부모 특별교육 안내
- 학생 특별교육 실시
- 종업 시 삭제 필요한 서류 분류
- 학생 졸업 시 교육청의 가피해 학생 배치를 위한 공문에 답 작성
- 자치 위원 구성, 학부모 상담, 가피해 학생 조사, 사후 지도

교사가 이 과정을 진행하기 위해서는 수백 페이지에 달하는 법률과 매뉴얼을 숙지해야 하며, 재심 청구나 행정 소송을 받게 되면 일은 훨씬 더 늘어난다. 그런 경우를 대비해서 행정 절차를 더욱 철저히 할 수밖에 없다. 법률 다툼에서는 교육적 합목적성보다는 행정 절차상의 하자 여부가 판결의 주요 기준이 되기 때문이다. 그러면 수업과 담임 업무는 어떻게 할 것인가? 사후 재발 방지와 상처 회복을 위한 교육 활동은 또 어떻게 한단 말인가.

학교폭력 사안에 관계된 사람 모두가 진정 원하는 것은 반성과 성찰을 통한 회복과 재발 방지일 것이다. 그런데 학교생활기

록부에 한줄 적히는 것을 막고자 가해학생의 학부모는 온갖 수단을 동원하고, 그에 대응하여 자기 자식이 피해받는 것을 막기 위해 피해학생 부모도 그 이상의 수단을 동원하게 된다. 학교는 고래 싸움에 새우등 터지는 형국이다. 여기서 이익을 보는 것은 변호사와 법조 브로커뿐이며, 이외는 모두가 피해자가 되고, 학교는 만신창이가 된다. 진정 초점이 되어야 하는 고의적, 집단적, 지속적 괴롭힘을 다루기에는 힘이 빠진다.

이런 학교폭력 관련 업무를 담당하는 교사는 몇 년을 버티기 힘들다. 학급 담임을 하며 생활지도와 교수학습을 하는 것도 만만치 않은 일인데 이를 넘어서 경찰, 형사, 검사, 변호사 노릇까지 해야 한다. 행정적으로도 누락이 없도록 행정사처럼 일을 해야 한다. 이처럼 여러 가지를 하다보니 하나도 제대로 할 수 없다. 능률이 떨어지니 교사에 대한 신뢰가 떨어지고, 교사의 의욕 또한 상실된다. 이는 또 다른 문제를 불러일으키고 학교폭력 문제는 더욱 커진다.

학교폭력 담당 교사 상당수가 과로와 스트레스로 인한 우울증, 뇌졸증, 디스크 등을 앓는다. 질병휴가나 휴직으로 교단을 떠나기도 한다. 학교폭력 업무 진행 과정에서 절차를 제대로 지키지 않았다거나, 조사를 강압적으로 했다거나, 조사 과정에서 화를 냈다거나 소지품 검사를 했다는 등 인권조례 위반을 이유로 소송 위협을 받고 감사 처분을 받기도 한다. 학교는 헌신적인

교사 몇 명으로 버티다가 이들이 무너지거나 전보를 가면 학교
폭력 문제는 처음으로 다시 돌아간다.

03
관점부터 바꾸자

예전에는 천재 한 명이 수만 명을 먹여 살린다고들 했다. 지금은 위기학생 한 명을 제대로 돕지 않으면 우리 사회에 엄청난 부담으로 되돌아온다는 것을 생각할 때다. 영재 한 명은 사회에 기여하지 않고 이기적으로 살 수 있지만, 우리 사회가 제대로 돌보지 않은 위기학생 한 명은 많은 사람들에게 더 큰 악영향을 미칠 수 있기에 그 한 명을 잘 돌보는 것이 매우 중요하다는 생각이 든다.

위기학생들이 하는 문제 행동을 바라보는 관점은 두 가지가 있다. 디지즈(desease, 질병)로 볼 것인가, 디스이지(dis-ease, 신호)로 볼 것인가? 디지즈의 관점은 아이의 문제 행동을 질병으로 보는 관점이다. 질병인 경우에는 진단을 하고 처방을 해서 약을 복용하게 한다. 아이들의 문제 행동을 세밀하게 진단하고 처방하여 약물을 투여하는 이러한 미국식 처방은 상당한 비판을 받고 있다.

반대로 디스이지(Dis-ease)관점은 교육적, 심리학적으로 접근한다. 문제 행동의 원인을 친구, 가족, 문화 등의 영향 속에서 파악하고자 한다. 어쩔 수 없이 처리해야 할 골치 아픈 문제, 질병으로 볼 것이 아니라 미래 지향적으로 해결해야 할 과제를 알려주는 신호로 볼 필요가 있다는 관점이다. 상처받은 한 아이가 성인이 되었을 때, 인류에게 미칠 피해에 대한 우려는 예전에 비해 압도적으로 커지고 있다. 스티븐 호킹 박사는 인류를 멸망으로 이끌 가장 높은 가능성으로 윤리적이지 않은 AI(Artificial Intelligence, 인공 지능), 기후변화, 인류에게 위험한 실험을 꼽았다. 이는 모두 협력하지 않는 인간과 관련된 것들이다. 따라서 성인이 되기 전 학생의 시기에 나타나는 문제 행동, 즉 협력적이지 않거나 이기적인 행동, 공격적인 행동은 아이의 개인적인 삶뿐 아니라 인류의 안전과 공영을 위해서라도 반드시 바로잡아야 하며, 그 방법은 교육적이어야 한다.

2017년, 아동폭력 예방 국제 컨퍼런스에 캐나다의 데이비드 코윈(David L. Corwin) 박사가 국제 연사로 초청받아 강연했다. 강연 후 저녁 식사 자리에서 그는 이런 말을 했다. "상처받은 한 아이를 회복시키는 데는 엄청난 노력과 재원이 필요합니다. 저는 그런 노력을 학교 밖에서 평생을 해왔습니다. 하지만 아이가 상담센터에 오기 전에 부모와 교사가 예방하는 것은 훨씬 쉽습니다. 자녀와 학생들을 매일 만나고 있는 부모와 교사는 수시로 문제를 예방하고 해결을 도우며 사회적 기술을 알려줄 수 있습니다. 이런 중요한 역할은 저희 같은 박사들이, 의사들이 할 수 없는 부분입니다. 특히 초등학교 단계에서 아이들에게 사회적 기술을 알려주고 아이들이 건강하게 생활할 수 있도록 돕는 교사의 역할은 아이 한 명 한 명에 대한 도움일 뿐만 아니라 사회 전체가 안전망을 구축하는 데도 매우 중요합니다."

얼마 전, 담배 네 갑을 훔쳐 조사를 받다 자살한 고교생에 대한 기사가 났다. 아이가 담배를 훔친 사건을 어떤 관점으로 바라 볼 것인가? "특수 절도는 벌금형이 없고 1년 이상 10년 이하의 징역형에 처하는 범죄로, 훈방 조치도 할 수 없고 피해자 측이 원하지 않는다고 해서 기소를 취하할 수도 없다." 이는 지극히 사법적인 관점이다. "그 많은 물건 중 담배를 훔친 것은 중독과 관련이 있다. 중독의 원인으로는 심리학적으로는 부모의 관심 부족, 자기애 부족, 스트레스 등이 있고 이 아이의 가장환경과 친구관계, 학교생활 등을 살펴볼 필요가 있다."이 관점은 교육적인 관점이다.

우리의 삶을 80세까지로 본다면, 1세부터 18세까지는 교육적인 관점으로, 19세부터 80세까지는 사법적 관점으로 보아야 한다. 다시 말해, 미성년인 학생들에게 행동에 대한 책임이란, 응당한 벌을 받는 것이 아니라는 것이다. 교육적 지원, 심리적 지원이 바탕이 돼야 한다. 그 안에서 타인에게 입힌 피해에 대한 반성과 책임 있는 행동을 이끌어내야 한다. 예를 들어, 이는 학교에서 반복적으로 흡연을 한 학생에게 정학 조치를 한다면, 학교 밖에서 담배를 피우라는 이야기가 될 수도 있다. 이 학생은 정학 조치가 아니라 금연을 위한 교육이나 치료, 심리적 지원을 받아야 하는 것이다. 학교폭력 관련 사안도 이러한 관점으로 법률과 그에 따른 행정 절차가 전면 재검토되어야 할 것이다. 교육적으로 회복될 수 있도록 하기 위해서는 어떤 절차가 필요한가, 그런 절차를 법률적, 행정적으로 지원하려면 어떻게 해야 하는가를 다시 고민해야 한다. 처벌과 처리가 '주인'이고 교육은 '손님'인, 주객전도의 상황을 바로잡아야 한다.

최근 학교에 전파되고 있는 〈회복적 정의〉 개념과 〈학급긍정훈육법〉은 매우 교육적인 접근이라 볼 수 있다. 학교에서는 학생들에게 상과 벌이라는 손쉬운 통제법을 버리고 새로운 움직임으로 나아가고 있다. 응보적 관점에서 회복적 관점으로, 비교육적인 방법에서 교육적인 방법으로, 단기적인 변화에서 장기적인 변화로 나아가고 있는 것이다.

2012년, 2015년에 학교폭력 사안처리 가이드북이 나왔고, 2018년도 9월에 개정판이 나왔다. 매뉴얼이 분명 현장 교사들에게 도움이 됨에도 교사들은 매뉴얼을 잘 보지 않는다. 수년간 학교폭력 업무를 수행했음에도 인수인계가 제대로 이루어지지 않아 매뉴얼의 존재조차 모르기도 한다. 전임자가 과중한 학교폭력 업무로 인해 소진되어 심지어는 입원하기도 하고, 전보나 기간제 교사 계약 만료 등으로 매년 급작스럽게 담당자가 바뀌는 일이 많기 때문이다. 또한 교사는 수업 능력과 담당 과목의 전문성 위주로 양성되고 평가받아 임용되었으나, 비전문분야인 법규·행정적 절차가 과도하여 매뉴얼을 제대로 익히기 어렵다. 매뉴얼이 체계적으로 문제를 해결하는 데 도움을 주었지만, 한편으로는 너무 복잡하고 행정적으로 소모적이어서 개선이 필요하다.

우리는 지난 몇 년간 학교폭력 사안으로 홍역을 앓아왔다. 교사, 학생, 학부모, 교육지원청까지 모두 힘들고 상처받았다. 학교는 사법부의 역할을 했고, 학생들은 피해자와 가해자의 입장에 처했다. 이제 다시 학교는 교육의 역할을 하고, 학생들은 안전한 공간에서 교육적으로 배울 수 있어야 한다.

법대로 해서 더 힘든 학교폭력

01
학교로 들어온 법정

2004년부터 시행되고 있는 〈학교폭력 예방 및 대책에 관한 법률〉은 말 그대로 학교폭력을 예방하고 대책을 강구하는 법이다. 하지만 이 법의 시행 초기에는 실제 학교 현장에서 이 법으로 인한 부작용이 그리 많지 않았다. 초등학교는 사안이 경미한 경우가 대부분이고, 중고등학교는 만 14세가 되면 형사 미성년자를 넘는 나이가 되어 사안의 성격이 중하고 피해가 심한 경우는 소년법의 적용을 받기 때문이다.

2011년, 대구 중학생 자살사건 여파로 언론에서 학교폭력의 심각성을 대대적으로 보도한 이후 학교폭력을 근절해야 한다는 국민적 여론이 크게 일어났다. 이에 발맞춰 관련 법령이 강화됨에 따라 학폭위의 분기별 개최를 의무화하였고, 학부모도 자녀들이 학교폭력 피해를 입었을 경우 신고하게 되어, 학폭위에서 학교폭력사안을 다루는 일도 매년 늘어나고 있다.

1년에 두 번씩 실시하고 있는 〈학교폭력 실태조사〉 결과에 따르면 학교폭력은 점차 줄어드는 추세이다. 초등학교 4학년에서 고교 2학년까지 360만 명이 참여한 〈2017년 2차 학교폭력 실태조사〉 결과에 따르면 학교폭력 피해를 입었다고 응답한 비율은 0.8%였다. 학교별로는 초등학교 1.4%, 중학교 0.5%, 고등학교 0.4%로 나타났다. 하지만 이러한 결과를 두고 학교폭력이 줄어들었다고 말하는 사람은 거의 없다. 겉으로 드러나는 물리적인 학교폭력이 줄어들었을지라도, 사이버 폭력이나 은근한 따돌림 같은 것은 더 증가했다고 보는 것이 일반적이다.

본래 학교폭력예방법은 학교폭력을 교육적 방향으로 해결하자는 취지로 만들어졌고, 이 법에 따라 학폭위가 각 학교마다 설치되었다. 처음에는 사회적으로 큰 이슈가 되었던 일진들이나 학교폭력을 일삼는 학생들을 선도하기 위한 목적에 초점이 맞춰졌다. 그런데 점차 학교폭력의 양상이 다양화되면서 법률도 세분화되어 학교 내외에 학생을 대상으로 하는 모든 폭력 행위를 학교폭력으로 정의하게 되었다. 또한 학폭위 협의의 공정성과 전문성을 담보하기 위해 전체 위원의 과반수를 학부모전체회의에서 직접 선출한 학부모로 두게 했으며, 판사·검사·변호사도 학폭위의 위원으로 참여할 수 있도록 규정이 마련되었다. 그러나 과반수 이상의 학부모 위원들에게 전문성을 기대하기 어렵고, 판·검사나 변호사가 학폭위에 실제로 참여하는 경우는 거의 없어 유명무실한 규정이 되고 있다.

실제 학교폭력 사례에서는 안타까운 일이 더 많이 등장한다. 학교폭력 사안에 대한 학교측의 해결 의지나 결정 과정에 대해 의심하던 학부모도 막상 학폭위 위원으로 선출되어 학교폭력 사안을 직접 다뤄보면 학교폭력 사건을 둘러싼 협의와 처분이 결코 쉽지 않음을 실감한다. 오죽하면 연임하겠다는 학부모가 거의 없고 담당교사가 연임을 부탁해도 손사래를 치며 물러날까. 학교폭력 사안은 규정을 지켜 적극적으로 해결하려고 아무리 노력해도 결과가 좋지 않은 경우가 대부분이기 때문이다.

필자는 한 학교에서 7년간 근무하면서 6년 동안 생활인성부장을 맡았다. 초등학교에서는 책임교사가 학교폭력 사안을 처리할 때 생활인성부장이 약간의 보조 역할을 하지만, 필자가 재직한 학교에서는 생활인성부장이 학부모 상담과 사안 조사 업무, 학생 상담과 화해·중재도 맡아서 했다. 2012년부터 2015년 무렵까지는 비록 몸은 고되지만 학부모에게 진심을 보이면 복잡한 사안도 비교적 원만하게 해결할 수 있었다. 그러나 2016년부터는 아무리 교사가 객관적이고 공정하게 규정을 준수하며 최선을 다해도 학부모가 학교의 사안 처리 과정을 신뢰하지 않고 도리어 비난하는 일이 자주 일어났다. 한쪽이 어느 정도 신뢰해도 다른 한쪽이 신뢰하지 않거나, 양쪽 모두가 학교를 비난하기도 한다.

학교폭력 가해학생 조치별 적용 세부 기준

				기본 판단 요소				
				학교폭력의 심각성	학교폭력의 지속성	학교폭력의 고의성	가해학생의 반성 정도	화해 정도
판정 점수			4점	매우 높음	매우 높음	매우 높음	없음	없음
			3점	높음	높음	높음	낮음	낮음
			2점	보통	보통	보통	보통	보통
			1점	낮음	낮음	낮음	높음	높음
			0점	없음	없음	없음	매우 높음	매우 높음
가해학생에 대한 조치	교내 선도	1호	피해학생에 대한 서면사과	1~3점				
		2호	피해학생 및 신고·고발 학생에 대한 접촉, 협박 및 보복행위의 금지	피해학생 및 신고·고발학생의 보호에 필요하다고 자치위원회가 의결할 경우				
		3호	학교에서의 봉사	4~6점				
	외부 기관 연계 선도	4호	사회봉사	7~9점				
		5호	학내외 전문가에 의한 특별 교육 이수 또는 심리치료	가해학생 선도·교육에 필요하다고 자치위원회가 의결할 경우				
	교육환경변화 교내	6호	출석정지	10~12점				
		7호	학급교체	13~15점				
	교외	8호	전학	16~20점				
		9호	퇴학처분	16~20점				

부가적 판단요소	
해당 조치로 인한 가해학생의 선도가능성	피해학생이 장애학생인지 여부
해당점수에 따른 조치에도 불구하고 가해학생의 선도가능성 및 피해학생의 보호를 고려하여 시행령 제14조 제5항에 따라 학교폭력대책자치위원회 출석위원 과반수의 찬성으로 가해학생에 대한 조치를 가중 또는 경감할 수 있음	피해학생이 장애학생인 경우 가해학생에 대한 조치를 가중할 수 있음

※ 법 제17조 제2항에 따라 피해학생이나 신고·고발 학생에 대한 협박 또는 보복 행위일 경우에는 제17조 제1항 각호의 조치를 병과하거나 조치를 가중할 수 있음

다른 학교에 비해서 학교폭력 사안 처리가 능숙한 학교임에도 불구하고 학부모의 요구를 만족시키는 일은 매우 어려웠다. 아이가 정상적으로 학교생활을 잘하고 있어도 학부모는 교사를 비난하며 끊임없이 사과를 요구하고 국민신문고, 교육청, 인터넷 맘카페, 부모밴드 등을 통해 갖은 수단을 동원해서 민원을 제기한다. 혁신학교 못지않게 최선을 다하는 교직원의 모습에 대다수의 부모들이 고마워하고 있었지만, 학교폭력 관련 학부모는 사안의 경중과 상관없이 지속적으로 감정적이고 소모적인 민원을 넣었고 이에 많은 교직원과 학생이 상처를 받게 되었다. 이런 상황에서는 아이들을 위하는 마음으로 교사가 말하고 싶은 것이 있어도, 자칫 학생의 말이 가정으로 잘못 전해져서 학부모가 어떻게 나올지 모르는 상황이라 아이에게 적합한 교육과 상담을 하기 힘든 것이 현실이다. 결론적으로, 학교폭력예방법은 학생지도를 어렵게 만들고 수많은 악성 민원의 빌미를 주고 있다는 것이 교육 현장에 있는 교사들의 일관된 목소리다.

〈학교폭력 가해학생 조치에 대한 세부 기준안〉이 교육부 고시로 나온 이유는 가해학생에 대한 처분이 전적으로 학폭위의 자체 판단에 의해서 좌우되다 보니 명확한 기준이 없어서였다. 비슷한 사례임에도 서로 다른 조치가 내려지는 문제가 반복되고 있어 제도 개선이 필요하다는 지적이 끊임없이 제기되었기 때문이다. 그리하여 학폭위의 기본 판단요소로 학교폭력의 심각성, 지속성, 고의성, 가해학생의 반성 정도, 화해 정도 등 5가지 요소를 두고, 부가적 판단 요소로 가해학생의 선도 가능성과 피해학생이 장애학생인지의 여부 등을 고려하여 조치를 가중하거나 경감할 수 있도록 하였다. 가중과 경감은 출석 위원 과반수의 찬성으로 가능하다. 이로써 가해학생 조치가 합리적으로 결정되고, 학부모의 불만과 갈등을 해소할 수 있으리라 기대했지만 이러한 조치에도 불구하고 여전히 처분에 불만을 갖는 학부모가 많고, 학부모 위원의 전문성을 문제 삼는 분위기도 강하게 일어나고 있다.

02

잘못된 시작

화가 나고 몹시 흥분한 상태에서 선택한 것과, 반대로 마음이 안정되고 차분한 상태에서 선택한 것이 같을 수는 없다. 감정 상태에 따라 같은 사람도 전혀 다른 사람처럼 행동할 때가 있다. 의사 결정에 작용하는 요소가 조건과 상황에 따라 크게 달라지기 때문이다. 흥분한 상태가 감정적이라면, 차분한 상태는 이성적일 가능성이 높다. 흥분하면 별 생각 없이 즉흥적으로 결정하기 십상이고 차분하면 좀 더 많은 생각을 하고 신중하게 행동할 가능성이 높다. 개인의 경우에는 감정적인지 이성적인지 분명히 구분되지만 사회적으로 보면 어떨까? 화가 잔뜩 난 상태와 평온한 상태의 개인이 다른 것처럼 화난 사회와 평온한 사회도 구분할 수 있지 않을까. 평화로운 상태와 전쟁 중인 경우처럼 분명하지는 않더라도 어느 정도 구분은 할 수 있을 것이다.

오늘날, 학교폭력 문제가 심각해진 결정적인 원인도 우리 사회가 몹시 흥분한 상태에서 대책을 결정했기 때문은 아닐까. 학교폭력에 민심이 쏠려 국민들이 몹시 흥분한 상태에서 의사결정을 졸속으로 진행했다. 흥분한 사회가 선택할 수 있는 대책이란 뻔하지 않은가.

나는 정부의 학교폭력 대책을 보면 좁은 닭장 안에 닭 수십 마리 집어넣어 놓고 얌전히 있지 않으면 두들겨 패려는 일과 같다고 생각한다. 이런 지옥 같은 닭장 안의 닭들이 살기 위해 비명을 지르거나 상대방을 쪼아대지 않는다면 그게 오히려 이상한 일이 아닐까? 학교폭력에서 가해·피해 구분은 무의미하다.

(김동춘 칼럼, 「한겨레」, 2013. 3)

우리는 굳이 가해학생과 피해학생을 구분하려고 한다. 특히 가해학생의 폭력성에 민감하게 반응한다. 한 편의 영화에 비유하자면, 전체적인 흐름을 보지 않고 가장 폭력적인 장면을 한 장의 사진으로 꺼내놓고 판단하는 것과 같다. 배경과 맥락이 모두 사라진 폭력적인 장면만을 앞에 둔 우리의 시야는 매우 좁아진다. 최소한의 자유도 허락하지 않는 폭력적인 닭장 안의 상황은 보려 하지 않고 조금 더 힘겨운 닭이 바로 옆에 있는 닭을 쪼아대는 순간의 장면만을 보고 폭력적이라며 흥분하고 있지는 않은가.

시야가 좁아지면 적대감을 갖게 된다. 가해학생을 이해하려는 어떤 시도도 용납 못 한다. 학생들의 폭력성에 대한 이해의 수준을 높여 합리적인 해결의 실마리를 제공해주는 과학적인 연구성과들까지도 관심 밖으로 밀어낸다.

"사이코패스, 유아 성폭행범은 감정조절에 중요한 역할을 하는 뇌 속의 편도체(신경세포다발)가 쪼그라들어있다. 욕망과 충동을 절제하는 합리적 기능에 기여하는 전전두엽피질도 정상인의 85%이다."

(권준수, 서울대병원 정신과 교수)

최근 뇌과학의 연구성과는 죄는 미워하되 사람을 미워하지 말라는 말의 근거를 제공해 준다. 가해학생들이 흔히 하는 말이지만 듣는 사람들을 격분하게 만드는 말, "일부러 그런 게 아니라 장난이었다니까요"라는 말은 거짓말이 아닐 수도 있다. 자신의 행동이 상대방에게 어떤 고통을 주는지 공감하기 어려운 뇌, 자신의 행동이 어떤 결과를 가져올지 판단하기 어려운 뇌가 실제로 있다고 한다. 가해학생들은 성장과정에서 본인의 의도와는 무관하게 어떤 피해를 입고 그런 뇌를 가지게 된 건지도 모른다. 그 학생들이 남들에게 비난받을 짓을 쉽게 하는 '문제아'가 된 것은 그 이전에 '문제뇌'를 갖게 된 원인이 있었을 것이고 이런 측면에서 보면 그들도 피해자라는 설명도 가능하다.

학교폭력이 모든 사회에서 빈번하게 나타난다는 사실은 그것이 성장 과정에서 문제가 있었던 아이들만이 저지르는 예외적인 병리현상이라는 기존의 설명에 물음표를 던진다. 학교폭력은 자연선택에 의해 진화한 적응이다. 다른 영장류의 새끼들처럼, 아이들은 또래 집단 내에서 자신의 힘, 지능, 운동능력, 용감함 등을 친구들에게 과시함으로써 높은 지위를 차지하고자 한다. 우열 순위의 사다리를 오르기 위해, 어떤 아이들은 자신보다 명백히 약한 친구를 골라서 매일 되풀이해서 괴롭히는 방안을 택한다. 학교폭력은 가해학생이 피해 학생을 끈덕지게 괴롭힐 만큼 강하고 억센 사람임을 널리 광고하여 결국 또래 집단 내에서 가해학생의 지위를 높여주는 기능을 한다.

(전중환 칼럼, 「한겨레」, 2013)

새로운 학문인 진화심리학도 우리에게 많은 영감을 준다. 학교폭력은 특별한 문제 행동이 아니라, 달리 보면 자연스런 본능의 표출이 본질이라는 설명이다. 통제하고 억압하고 처벌할 일이 아니라 남들에게 피해를 주지 않는 건강한 방식으로 본능적인 욕구를 해소할 수 있도록 방도를 찾아야만 한다는 말이다. 무작정 욕구를 억압하는 방식이 오히려 학교폭력의 원인이 될 수도 있다.

식품첨가물을 비롯한 그들이 먹고 있는 음식은 이들 성격에 영향을 미치지는 않았을까? 또 폭력을 부추기는 환경, 즉 게임이나 드라마, 영화 등 미처 판단능력이 부족한 아이들에게 어른들이 만든 폭력은 그들의 성격형성에 영향을 미치지는 않았을까? 또 한부모 가정에서 버림을 받거나 제대로 받아야 할 사랑을 받지 못하고 자란 것은 아닐까? 성장과정에서 늘 소외당하고 고립되며 올곧은 친구를 만나지 못하고 그들에게서 영향을 받은 것은 아니었을까? 자본주의가 만든 폭력, 어른들의 돈벌이 수단에 희생된 것은 아니었을까.

(『김용택의 참교육 이야기』, 김용택, 생각비행, 2015)

한 교육자의 지적이 절규처럼 들리는 이유는 뭘까? 정작 폭력의 원인 물질을 제공한 사회는 뒤로 쏙 빠지고 오직 결과만을 놓고 모든 책임을 가해학생에게 뒤집어씌우고 있는 현실을 '적반하장도 유분수'라고 일깨워준다.

지금 우리는 학교폭력에 대한 합리적인 여러 지적에는 귀를 닫은 채 오직 가해학생 응징에만 매몰되어 있지는 않은가. 우리 자신이 흥분한 상태라는 사실을 깨닫지 못한 채 잘못된 프레임에 갇혀 있는 건 아닐까. 가해학생을 이해하려는 움직임을 모두 온정주의로 몰아가고, 문제의 원인을 밝혀 철저한 예방책을 만들기 위한 모든 노력을 비난한다. 확실하게 복수하지 않으면 원한이 풀리지 않는 피해학생의 처지를 외면하는 한가한 말장난으로 치부된다.

엄벌만이 정의라는 편협함에 많은 사람들이 자발적으로 가담한다. 교육적인 접근을 통해 치유하고 지지하려는 일체의 노력들을 비난한다. 관계자가 일치단결하여 확실하게 응징해야 잠재적 가해학생들이 지레 겁을 먹고 폭력 행사를 자제하거나 포기할 것이 확실한데 왜 가해학생을 두둔해 혼란을 일으키느냐고, 그렇게 물러 터졌으니까 가해학생들이 만만히 보고 계속 못된 짓을 하는 거라고 주장한다. 그 결과 우리는 학교폭력에 대한 편협한 시각의 후유증만 톡톡히 겪게 되었다.

가해학생들이 학교폭력을 통해 얻을 수 있는 잠재적인 이득은 그대로 놔둔 채 "들키면 크게 혼난다"라고 엄포를 놓는 격이기 때문이다. 어른들이 눈치 채지 못하게, 더 교묘하게 친구를 괴롭히는 학생만 늘기 십상이다.

(전중환 칼럼, 「한겨레」, 2013)

살인사건에도 정상 참작을 하는데, 학교폭력을 처벌 위주로 대처한 결과는, 걸리지만 않으면 그만이라는 잘못된 생각을 유도한다. 또한 걸리더라도 처벌을 피하기 위해 절대 잘못을 인정하지 않겠다는 막무가내식 대응을 낳기도 한다. 아이들은 한층 더 교묘한 방식을 궁리하게 되고 책임을 회피할 수 있는 집단적 폭력에 은근히 가담하는 방식을 택하게 된다.

특히 주목해야 할 것은 가해학생을 지목해 처벌하는 방식이 가해학생 학부모의 자식 보호 본능을 무한 자극한다는 점이다. 학부모는 가해 행위에 쏟아지는 비난을 의식하기보다는 자신이 아니면 자식이 완전히 망가질 것 같은 극한의 위기의식에 사로잡힌다. 당연히 피해자에게 사과를 해야 한다는 사실을 잘 알면서도 그렇게 했다가는 자식을 지키지 못한 형편없는 부모가 되고 말 것만 같다. 담임교사가 난처해하는 모습을 보면 미안한 마음이 들지만 마음이 약해지면 자식을 지킬 수 없을 것 같아 불안하다. 학교의 중재를 받아들이는 것이 합리적이라고 판단하지만 자칫하면 자식이 나락으로 떨어질 것 같은 걱정 때문에 쉽게 외부인, 법조 브로커의 유혹에 넘어가고 만다.

조금만 가해학생을 이해하려고 노력한다면, 또 그런 노력에 대해 가해학생 학부모가 고마움을 느낀다면 학교의 정상적인 교육활동 차원에서 수월하게 해결할 수 있는 사안이 얼마나 많을까. 가해학생이 문제를 일으키는 건 맞지만 현재 학교폭력의 진짜 문제는 가해학생 자체보다는 가해학생을 다루는 지금의 폭력적인 방식이 아닌가 싶다.

지금 우리는 〈학교폭력 두더지 잡기 게임〉을 하고 있는 건 아닐까. 고개를 내민 두더지를 힘껏 내리쳤지만 끊임없이 고개를 내미는 두더지를 계속 잡아야 하는 상황 말이다. 어떻게 해야 그런 일이 또 일어나지 않을 것인지, 학교폭력의 원인 진단에는 관심조차 없는 상황에서 지속적으로 나타나는 가해학생을 처벌해야 하는 상황과 두더지 잡기 게임은 매우 흡사하지 않은가. 가해학생에 대한 미움과 증오에서 벗어나 왜 그럴 수밖에 없었는지 사정을 파악하고 이해하려고 노력하는 과정에서 얻을 수 있는 것들을 우리가 왜 포기해야 하는가. 더 이상 학교가 두더지 잡기에 몰두하는 사법기관이 되지 않으려면 온정주의 대 엄벌주의의 잘못된 프레임에서 하루빨리 벗어나야 한다. 엄벌이 필요한 부분과 온정이 필요한 부분을 적절히 구별하여 조치해야 한다.

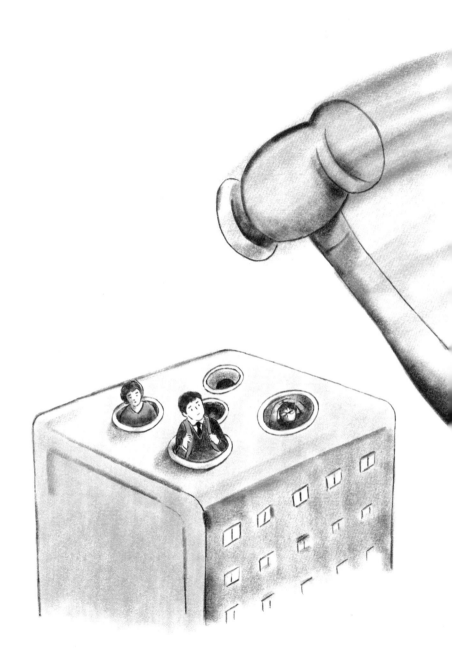

03
지쳐가는 교사,
마비되는 학교

학교폭력 책임교사는 관련 업무 이외에도 여러 가지 일을 동시에 맡고 있는 경우가 많아 정작 학교폭력 사안이 생겼을 때 학교 현장을 효과적으로 돌보기가 어려운 처지에 놓여 있다. 교육청 담당자는 순환 보직이기 때문에 보통 1년이면 다른 업무를 맡는다. 이래서야 학교폭력 업무의 연속성을 기대하기 어렵다.

학교폭력 책임교사는 2012년도 법 개정으로 신설된 직책이다. 학교폭력 문제를 담당하는 책임교사는 초등학교에서는 이미 대표적인 기피직이 됐다. 법률과 시행령, 처리 과정의 복잡성, 관련 학부모의 잦은 민원 등으로 아무도 맡지 않으려고 한다. 자연히 저경력자, 새로 전입한 교사에게 맡겨진다. 책임교사를 2년 이상 연임하는 일도 줄어들고 있다. 어느 중학교에서는 학교폭력 책임교사를 맡으면 담임에서 제외시켜준다는 말도 있다.

하지만 학교폭력 책임교사라고 해서 수업이 크게 줄어드는 것도 아니다. 서울과 부산 등 일부 지역에서 수업 시수를 빼주고 있다고 하지만 초등의 경우는 담임 업무를 하면서 책임교사도 겸해야 한다. 학교폭력 사안이 터졌을 때 발빠른 대응이 어려운 게 당연하다.

학교폭력이 발생했다는 신고가 오면 책임교사는 먼저 접수한 사안을 신고대장에 기록한다. 신고자와 관련된 사람들에게 상황을 확인하고, 학교폭력 전담기구(보통 교감, 생활인성부장, 책임교사, 보건교사로 구성됨)를 열어서 어떻게 대처할지 협의하여 신고가 접수된 지 48시간 안에 교육청에 사안 보고를 마쳐야 한다. 이 과정만 하더라도 보통 두세 시간이 소요된다.

이어서 담임교사가 관련 학생(가해학생, 피해학생, 목격자)에 대한 조사를 한다. 담임교사는 학부모 상담도 병행한다. 절차가 복잡하기 때문에 구체적인 사항은 책임교사가 학부모에게 알려준다. 문제는 사안이 좀처럼 명확하지가 않다는 것이다. 증언이 일치하지 않고, 증거가 부족하고, 학생들의 진술이 오락가락하는 경우가 많다. 이러한 실체적 진실 확인의 어려움은 이어지는 추가 조사와 학폭위 협의에서도 많은 어려움을 야기한다. 어느 정도 조사가 마무리되면 책임교사는 학폭위 개최를 위해 관련 학부모와 자치위원들이 참석 가능한 시간을 확인하고 관련 학생의 가정으로 회의 개최를 알리는 등기우편을 보낸다. 학교폭력 사안이 발생한지 14일 이내에 학폭위가 열린다. 처리되는 시간은 초등학교의 경우에 사건이 명확하면 2시간 정도로, 피해학생과 가해학생이 여럿이고 피·가해측의 진술이 일치하지 않으면 3~4시간 정도 걸린다. 책임교사는 협의 내용에 대한 회의록을 작성하는데, 양측의 갈등이 첨예하여 화해가 이루어지지 않을 경우 재심과 행정심판까지 고려해야 하기 때문에 논의 내용을 거의 필사 수준으로 작성하느라 5~6시간 이상 걸리기도 한다. 그리고 그 결과를 관련 학생의 가정에 통보하고, 처분 결과에 따르는 업무를 처리한다. 예를 들어 특별 교육 처분이 내려지면 특별 교육을 어디서 받게 할 것인지 알아보고 부모에게 추가적으로 통지한다. 여기까지 일을 끝내는데 보통 20시간 이상 걸린다. 특히 학부모와 여러 번 상담하게 되는데, 양측 모두 억울해하는 것이 보통이라서 책임교사가 갖은 민원에 시달리게 된다. 매일 수업을 하는 담임교사도 초기 조사와 학생 상담, 학생에 대한 지속적인 관찰, 학부모 상담, 거기에 학교폭력 사건으로 인해서 부정적 영향을 받는 학급 분위기 회복을 위한 생활지도 프로그램까지 동시에 진행하느라 눈코 뜰 새 없이 바쁘다.

04

기록의 노예
– 과도한 생활기록부 기재

생활기록부 위주의 입시제도는 선택형 평가의 한계를 극복하고자 도입되었지만, 폐단도 많다. 수능 위주의 수업에 균열을 일으켰다는 점에서 과도기적으로 필요한 제도이긴 했지만, 지금은 과도기적 괴물이 되었다. 이런 입시제도는 미국식 입학사정관제를 모델로 한 것이지만, 희한한 생활기록부 꾸미기로 인해, 정작 본 수업이 방치되고 마는 결과를 낳았다. 교육부에서는 공정성 확보라는 명목으로 생활기록부 기재 방식에 이런저런 제한 형식을 만든다. 그 상당수는 학생을 파악하는 것과는 상관없는 비본질적인 형식에 불과하다. 거기에 맞춰 내용을 수정하느라 교사가 업무와 수업에 쏟을 시간만 부족해진다. 업무와 수업이 마비되면, 학급문제가 커지기 쉬운 환경이 절로 마련되는 셈이다.

예를 들어 '〈이 선생의 학교폭력 평정기(고은우 외)〉를 점심시간마다 꾸준히 읽는 프로그램에 참가하여 독서토론을 통해 토론대회에서 상을 탐(2017.03.10 – 05.20).' 이라는 내용을 입력했다면, 엄청난 수정 지적이 쏟아진다. 학생이 읽은 도서의 제목이 생활기록부에 2회 이상 언급되면 안 된다. '〈 〉'같은 기호는 사용할 수 없고, 따옴표 형식은 한글에서 붙여넣기하면 모양이 달라지므로, 엑셀이나 나이스 시스템에서 직접 입력해야 한다. 대회에서 수상했다는 사실은 서술항목으로 기록이 불가하다. 연도를 표기할 때는 '2017.'이 앞뒤로 꼭 들어가야 하고, 끝에 점이 빠지면 안 된다. 물결 표시는 사용할 수 없고 줄표(-)로 수정해야 한다.

그런데 이런 것보다 더 큰 고민은 학폭위 결과를 생활기록부상에 기재해야 한다는 사실이다. 현재 생활기록부는 특목고와 대입 학생부종합전형 이외에는 활용할 일이 거의 없다. 그런데 학폭위 결과를 생활기록부에 기록하면 학생들이 마치 전과자가 되는 것 같은 낙인효과가 발생한다. 학부모는 이를 막기 위해 필사적으로 매달리게 된다. 여기서 이익을 취하는 것은 학교폭력 전문 브로커와 변호사 정도이고, 결국 모두가 피해를 받는다. 과열된 입시 현실 때문에 과도한 분노가 일어나고 이는 교묘한 따돌림으로 연결된다. 상위권 성적의 학생들이 학교폭력에 휘말릴 경우 생활기록부 기재 여부가 입시에 미칠 영향 때문에 상당한 혼전이 일어난다.

학생들이 서로 놀리고 욕하는 건 학창 시절에 광범위하게 발생하는 일이고 교육적 지도로 바로잡을 일인데, 이런 문제로 고도의 법적, 행정적인 절차를 일일이 치르게 하는 것은 너무나 비효율적이다. 정작 사회적으로 문제가 되었던 사건들, 예를 들어 학생을 피투성이가 되도록 때린 뒤 사진을 찍어서 SNS에 올리고 지속적으로 학대해 자살에 이르게 한 일 등은 사실 학폭위를 통한 조치가 무의미하다. 이런 사안은 시급히 사법적으로 처리해야 한다. 그런데도 학교에서 일어나는 온갖 크고 작은 사안을 다 학폭위에서 다루도록 강제해 놓았다. 그 결과, 정작 학교의 교육적 기능은 심각하게 마비되고 말았다.

PART **II** 법대로 해서 더 힘든 학교폭력

05

두려움이라는 유령

    학교는 공교육 기관이다. 사법기관이 아니다. 하지만 학교폭력예방법이 생기고 관련 사안을 행정적, 사법적으로 처리해야 하는 규정들이 생기면서 학교는 학교폭력 문제를 교육적으로 해결하기를 포기하게 되었다. 피해학생을 보호하고 안전한 학교를 만들자는 법 제정의 취지는 매우 중요하고 사회적 공감도 받았지만, 이러한 방법은 교육적으로 별로 효과를 보지 못했다. 오히려 학교를 사법기관으로, 소송의 소용돌이로, 갈등의 중심으로 만들었다.

"우리가 진실로 두려워해야 할 것은 두려움 자체이다."

— 루즈벨트

크리스 메르코글리아노(Chris Mercogliano)는 『두려움과 배움은 함께 춤출 수 없다』라는 책에서 칭찬과 보상, 비교와 경쟁, 벌과 특권 뺏기 등 두려움을 유발하는 교육법이 학생을 배움으로부터 멀어지게 한다고 지적했다. 학문적 영역뿐 아니라 사회적 기술과 삶의 기술을 배워야 하는 학교 공동체에서는 재판 과정의 취지를 제대로 살리기 어렵다. 옳고 그름을 가려 정의를 구현해가는 과정을 시작하기도 전에 교사, 학생, 학부모 그리고 학교측 각자의 두려움이 먼저 발동하기 때문이다. 학교폭력이 일어나는 학교라는 공간은 사회와는 다르다. 학교는 서로 알고 지내던 학생과 교사, 교사와 학부모, 관련 학부모와 학부모 위원들이 뒤섞인 공간이다. 학교를 통해 서로 연결돼 있는 이 사람들이 학교폭력 관련 사안 하에서 원고, 피고, 변호사, 판사 역을 맡게 되면 모두 자기방어의 상태로 돌아간다. 이는 안전을 추구하려는 1차적인 인간의 욕구와 연결되어 있다. 『인간의 두뇌와 학습』의 저자인 레슬리 하트(L. Hart)는 이 자기 방어적 반응을 '저속기어전환'이라고 부르기도 했다. 학교폭력 사건의 관계자로 엮인 학부모와 학생, 교사, 학교는 각각 어떤 두려움을 가지고 있을까?

06

부모의 두려움
– 상처와 비난

가해학생의 부모는 학교가 사소한 일을 크게 만들어서 자신의 자녀가 과도하게 벌을 받는다고 생각한다. 피해학생의 부모 못지않게 가해학생의 부모도 사안 처리 과정 중에 잠을 못 이룬다. 마치 법원에서 분쟁하는 것처럼 스트레스를 많이 받는다. 때로는 아이가 잘못했음에도 생활기록부에 기록되는 것을 피하기 위해서 아이에게 거짓 진술을 시키기도 하고, 상대 아이도 잘못이 있다며 '쌍방책임'으로 몰아가 해결을 더욱 어렵게 만들기도 한다.

가해학생 부모의 경우 학교에서 전화를 받는 것부터가 두려움이다. 우리 아이가 또 무슨 사고를 쳤는지 걱정부터 되기 시작한다. 그런데 아이가 친구를 때렸고 그 결과 학폭위에서 앞으로 이 문제를 다룰 수 있다고 이야기를 듣게 된다. 당신이 이 전화를 받았다면, 내 아이가 잘못을 했으니 어떤 벌이라도 받아 마땅하며 진정으로 사과하고 배움의 기회로 여겨야겠다고 생각하게 될까, 아니면 앞으로의 힘든 일정과 그 과정에서 내 아이가 받을 상처, 학교로부터의 낙인, 주위의 비난을 걱정하게 될까. 보통은 걱정부터 하게 되고, 걱정은 두려움을 두려움은 자기방어를 만들어낸다.

"우리 아이가 잘못을 한 것은 맞지만, 아이의 이야기를 들어보니 이런 부분은 선생님이 이야기한 것과 달라요." 이런 식으로 사실 관계부터 따지기 시작하면서 부모는 변호인으로 입장이 바뀐다. 진정으로 사과하게 하고 책임을 느끼게 하며 실수로부터 배우도록 해야 하는 것이 부모의 역할이다. 하지만 부모들은 자신도 모르게 이 재판에서 내 아이가 보다 유리한 판정을 받게 도우려는 변호인의 역할을 하게 된다.

가해학생측의 이러한 태도는 피해학생과 그 부모를 매우 불편하게 한다. 결국 지역 재심과 행정심판에까지 가게 되어 학생, 학부모, 교사 모두를 힘들게 한다.

학폭위 같은 정식 절차가 자주 있는 것도 아니고 담당자가 자주 바뀌다 보면 처리 과정에서 학교측이 약간의 실수를 할 수도 있다. 그런 경우 그간 학교폭력에 대한 부정적인 언론보도에 영향을 받아온 학부모는 학교에 의심의 눈초리를 보낸다. 거기다 부모들은 대개 자녀의 말을 일방적으로 믿어버리고, 학교 측의 조사결과 자체를 무시하거나 불만을 갖는 경우가 많다. 심지어 학폭위의 결정에 불복하는 일도 일어나고 있다.

07

교사의 두려움
- 책임과 해결

학교폭력 사안이 발생하면 담임교사는 자기반성부터 하게 된
다. 자신이 학생들에게 생활교육을 잘 못해 이런 일이 생긴 것
이라고 자책한다. 향후 벌어질 일들도 걱정스럽다. 문제가 커질
까 두렵고, 관련 절차를 제대로 지키지 않으면 받게 될 행정적
조치들도 두렵다. 학교폭력 사안을 매뉴얼대로 처리한다는 것
이 쉬운 일이 아니다. 사안 발생 후 교육청에 보고하고 학생들
개별 면담을 통해 관련 양식지를 쓰고 접수 대장에 기록하고 관
련 학폭위를 열고 그러면서도 피해학생에게는 위로를 해야 하
고 또 가해학생에게는 반성을 하게 해야 하며, 관련 부모들을
상담하며 문제를 해결해야 하는 이 모든 과정은 교사의 몫이다.
학교에서 행정사무관의 역할과 교사의 역할, 판사의 역할, 상
담사의 역할, 민원 접수 역할 등 수없이 많은 역할을 동시에 요

구받는다. 이 과정에서 행정적인 실수를 하게 되면, 이는 교육 활동에서의 책임, 처리 실수로 인한 징계뿐 아니라 관련 부모들과의 갈등도 감수해야 하는 사면초가에 빠진다. 이런 경험이 쌓이면 교사는 학교폭력 사안이 발생했을 때 사과와 화해, 용서와 행동 개선이라는 교육적 접근보다는 행정적으로 실수 없이 처리하는 것에 더욱 연연하게 된다. 이런 두려움이 교사로 하여금 피해학생이 받은 상처와 아픔을 돌볼 수 없게 만들고 가해학생의 진정한 변화를 이끌 수 없게 한다. 교사는 관련 학부모와 수없이 많은 문자를 주고받으며 그 내용을 학교폭력 담당부장에게 전달하는 역할을 감당하느라 교육에 전념할 수 없게 된다. 그뿐 아니라 이런 일련의 경험은 교사에게 학부모에 대한 막연한 불안을 갖게 만든다. 교사들이 두 개의 휴대전화를 가지거나 한 기기에 두 개의 전화번호를 설정하는 듀얼넘버를 이용하는 것도 학부모에 대한 이러한 두려움과 피로감을 보여준다. 협력의 대상이 되어야 할 부모와의 관계를 깨는 데 학생들간의 갈등이 한 몫을 하는 것이다. 실제 재판에서 판사는 판결만 하면 된다. 그는 원고, 피고와 함께 생활하지는 않는다. 하지만 교사는 재판을 하면서도, 판결이 내려진 후에도 이들과 함께 계속 생활해야 한다. 그것도 교육을 하면서 말이다.

08

학생의 두려움
– 낙인과 재발

낙인이 두렵다

학교폭력 사건에서 가해자로 지목된 학생이 가장 두려워하는 것은 아마도 낙인일 것이다. 이 문제로 인해 친구들, 선생님, 부모님이 자신을 어떻게 생각할지에 관한 것이다. 자신이 한 일이 무엇이고, 얼마나 잘못되었고, 친구에게 어떤 피해를 주었는지를 생각하고 반성하기도 전에 자신이 받게 될 낙인을 두려워한다. 이 두려움 때문에 가해학생은 피해학생에게 진정한 사과를 할 수 없게 된다.

몇년 전, 6학년 여학생들끼리 다툼이 있었다. 이 문제는 결국 SNS에 남겨진 증거를 바탕으로 잘잘못이 결정되었다. 이후 해당 학생들은 반성하고 행동을 개선하기보다 오히려 더 어긋난 행동을 하기 시작했다. 방법도 교묘해졌다. 그 학생들이 졸업을 할 무렵 그때 일을 다시 물어보았다. 학생들은 여전히 두려움을 갖고 있었다. "문제아로 낙인 찍힌 저희는 앞으로 어떻게 살아가죠? 우리는 이 시골 마을에서 어쩌면 평생을 살지 모르는데 말이죠. 선생님은 4년이면 다른 학교로 가시잖아요." 그 말이 아직도 가슴에 남아있다.

힘의 우위를 이용해서 고의적이고 지속적으로 상대 학생에게 심각한 피해를 입힌 경우, 학폭위를 통해서 가해학생의 잘못한 행동에 맞는 책임을 묻는 것은 합당한 일이다. 그런데 문제는 위에서 언급한 바와 같이 학생들 사이에 발생한 경미한 다툼에도 예외 없이 학폭위가 소집된다는 것이다. 그 처리 과정에서 아이들이 받는 상처가 매우 크다. 어른들이 회의식 긴 탁자에 둘러앉아 있고 그 앞에 앉아서 질문을 받고 대답하는 것은 아이에게 매우 두렵고 부담스러운 일이다. 오죽하면 초등학교 저학년 학부모는 아이가 받을 상처가 염려돼 회의 참석을 안 했으면 하기도 한다. 그러나 자칫 회의에 출석하지 않는 것이 아이가 뉘우치지 않는 모습으로 보여 더 중한 처벌을 받게 될까 봐 어쩔 수 없이 하는 것이 보통이다. 때로는 피해학생이 심한 폭력에 시달리다가 가해학생에게 욕설을 한 경우 '쌍방 폭력'이 되어 피해자임과 동시에 가해자가 되는 안타까운 일도 겪는다. 이처럼 학폭위는 학교폭력의 상처를 치유하려다 도리어 아이에게 더 큰 상처를 주곤 한다.

피해학생이 가장 두려워하는 것은 무엇인가? 이런 일이 다시 발생하는 것이다. 가장 바라는 것은 학교라는 공간이 안전해지는 것이다. 또 가해학생이 진정으로 사과를 하길 바란다. 이 사과는 다시는 그런 행동을 하지 않을 거라는 보증을 포함해야 한다. 그리고 자신의 상처를 알아주고 위로해주고 보듬어주길 원한다. 피해학생이 안전을 느끼기 위해서는 피해학생이 원하는 진정한 사과와 가해학생의 책임 있는 행동 그리고 앞으로의 행동 개선이 필요한데, 지금까지의 학교폭력예방법에 따른 절차는 학교폭력의 심각성을 알리는 데는 효과적이었지만, 피해학생이 두려움을 걷어내고 치유하고 회복하도록 돕는 데는 효과적이지 않았다.

피해학생이 스스로 학교폭력을 이겨낼 수 있도록 북돋아줄 기회는 더더욱 줄어들고 있다. 부모들이 아이가 스스로 해야 할 몫까지 다 해주려고 해서 아이는 더욱 의존적이 되기 쉽다. 담임교사도 학교폭력 업무에 매달리다 보면 학생의 상처를 치유하고 학생들간의 관계를 회복하는 데 소홀하게 된다. 피해 남학생이 심한 말을 한다거나, 여학생들의 경우 SNS상의 단체대화방을 만들 때 특정 친구를 배제한다든지 하는 일이 있어도 담임교사가 그런 행동을 딱 짚어서 지도하기는 쉽지 않다. 자칫 피해학생을 보호하지 않았다고 피해학생 부모로부터 민원을 제기당할 수가 있기 때문이다. 한 피해학생은 자신이 미워하는 친구들을 처벌하는 것에 익숙해져버려 학년이 올라가도 계속 비슷한 일이 반복되곤 했다. 부모의 과잉 대응이 낳은 결과다. 학생들간의 자연스러운 갈등 사례를 무조건 학교폭력으로 신고하다 보면 나중에는 피해학생 주변에 친구들이 거의 없어져서 건강한 인간관계를 형성할 기회를 잃게 되기도 한다.

09
두려움을 넘어
배움을 향해

　학교폭력 사안 앞에서 학생, 부모, 교사는 각자 자기의 입장
과 처지에서 두려워한다. 다시 말하지만 두려움과 배움은 함께
춤출 수 없는 것이다. 우리가 진정으로 두려워해야 하는 것은 사
회의 축소판이자 작은 사회인 학교라는 공간에서 교육이 제대로
이루어지지 않는다면 향후 더 큰 사회문제로 부메랑처럼 돌아
온다는 점을 깊이 생각해야 한다. 부모는 자녀를 변호하는 역할
에서 교육하는 자세로, 교사는 행정가 역할에서 책임 있는 행동
을 가르치고 사회적 기술을 알려주는 자세로 돌아와야 한다. 학
생은 자신의 잘못을 진정으로 뉘우치고 행동을 개선하며 용서와
화해, 실수로부터 배우겠다는 자세로 돌아와야 한다. 학교 또한
더욱 적극적으로 아이들의 안전을 지키고 문제 처리 과정을 투
명하게 교육적으로 해결하겠다는 자세로 회귀해야 한다. 그러지

않으면 우리 사회는 결국 학교에서 상처 입은 아이들을 사회에서 다시 마주하는 두렵고 불안한 상황을 맞이하게 될 것이다.

6학년 남자 아이 둘이 심하게 다투었다. 서로 사과는커녕 얼굴도 보지 않겠다고 한다. 담임교사는 둘을 불러 이야기를 해보았지만, 다툼의 사실 관계를 파악하는 것도 쉽지 않다고 어려움을 토로했다. 필자는 생활부장으로서 이 사건이 학교폭력 사안으로 가기 전에 교육 활동을 하기 위해 둘을 상담실로 불렀다.

"너희 둘이 다툰 것을 들었어. 선생님이 절차를 진행하기 전에 잠깐 이야기를 나누려고 해. 괜찮지? 우선 차 한 잔 마시면서 퀴즈 하나 풀어볼게."

"네? 퀴즈요?"

"그래, 한 문제씩 풀고 시작할거야. 그렇게 어렵지는 않아."

그러면서 종이와 연필을 나누어주었다.

"여기에 각자 잘하는 것, 스스로 칭찬해 주고 싶은 것 하나씩 몰래 적어."

3~4분의 시간이 조용하게 흘러갔다.

"자, 이제 친구가 뭘 적었는지 맞히는 것이 퀴즈란다. 민규가 먼저 맞춰볼까?"

"너 게임 잘하는 거?" "친구들한테 인기 좋은 거?" "축구 잘하는 거?"

민규가 지훈이를 보며 정답을 말하자 지훈이의 표정이 밝아지기 시작한다. 얼굴도 안 보던 녀석이 서로 눈을 맞추기 시작한다. 둘은 이렇게 칭찬 퀴즈를 풀며 서로에 대한 감정을 회복하였다.

"그래, 서로 다툰 문제에 대해서는 어떻게 해결할까?" 라고 묻자 아이들은 서로 자기가 잘못했다며 사과를 했다. 그러면서 주말에 영화 보러 같이 가자는 약속까지 했다. 이렇게 사과와 화해가 이루어진 후에 교사로서 아이들에게 해주고 싶은 이야기를 했다.

"누구나 기분이 안 좋을 수 있어. 그렇지만 폭력을 사용하는 것은 옳지 않단다. 싸움의 하수는 주먹의 힘으로 해결하고 싸움의 중수는 말의 힘으로 해결하지. 싸움의 고수는 자신이 살아가는 모습, 평소의 행동으로 해결한단다. 그런데 싸움의 무적이 있는데 그게 뭔지 아니?"

"뭔데요?"

"적이 없는 거란다. 서로를 이해하는 폭이 넓어지면 마치 큰 그릇이 많은 것을 담는 것처럼 적이 없어지는 거지. 너희의 친구 관계도 그랬으면 좋겠다. 알겠지?"

자기 잘못을 비난 받을 거라는 두려움, 친구가 아니라 원수라는 미움이 지나간 자리는 평화롭다. 어떤 다툼도 갈등 해소에 초점을 두고 서로를 바라보면 실수를 통해 배우는 기회가 된다.

PART

III

학교폭력, 예방이 최선이다

01

원칙으로 돌아가자

우도할계(牛刀割鷄). 소 잡는 칼로 닭을 잡는다는 뜻으로 작은 문제를 크게 해결하려 할 때 쓰는 말이다. 지금의 학교폭력예방법이 소 잡는 칼, 우도라 할 수 있다. 소는 우도로 잡으면 된다. 하지만 닭을 잡을 때나 과일을 깎을 때는 우도가 아니라 다른 칼을 사용해야 한다. 요리사는 다양한 칼을 가지고 재료와 상황에 따라 적절하게 활용한다. 그런데 학교는 지금까지 어떤 칼로 문제를 해결해왔나? 어느 초등학교에서는 한 해 15건의 학교폭력이 신고되어 15차례 학폭위를 열었는데 그중 14건이 학교폭력이 아닌 것으로 결정되었다. 나머지 한 건도 1호 조치인 서면 사과로 마무리됐다. 이 학교에 신고된 15건의 문제들을 해결하는 데에 학교폭력예방법 적용이 과연 적절했을까? 배가 아파서 병원에 갔는데 다짜고짜 메스로 배를 갈라 봐야겠다는 의사가 있다면 그 병원에서 치료를 받을 수 있을까? 어쩌면 지금까지의 학교폭력예방법이 이와 같았는지도 모른다. 문제에 대한 정확한 진단과 그에 맞는 적절한 방법을 사용하기보다는 신고하면 학폭 위를 여는 단선적인 처리 과정이 가장 큰 문제였다. 이를 해결하기 위해 지금의 학교폭력 처리 절차를 업그레이드할 필요가 있다.

학교폭력 문제는 사전에 예방하는 것이 가장 중요하다. 그럼에도 불구하고 생기는 문제들에 대해서는 면밀히 준비하고 제대로 대처해야 한다. 모든 학교가 〈학교문제예방해결시스템〉을 보다 효율적으로 만들고 적용했으면 한다.

기본원칙 : 공동체 생활을 함께하기 위해 꼭 필요한 것

1. 해야 할 것은 하고, 하지 않아야 할 것은 하지 않는다.
2. 타인에게 피해를 끼치지 않으며 함께 행복하기 위해 노력한다.
3. 행동에는 책임이 따르며, 자신의 삶에 큰 영향을 미친다.
4. 장난은 고통이나 피해가 없다는 전제 하에 서로 동의하여 즐거운 것이다.
5. 놀욕때빼험따이사*와 같은 문제에 대해 학생, 교사, 학교는 적극적으로 해결한다.
6. 학생, 교사, 학교는 문제 해결 능력을 키우고, 문제를 해결하며 함께 성장한다.

* 놀욕때빼험따이사 : 놀리기, 욕하기, 때리기, 빼앗기, 험담하기, 따돌리기, 이성문제 (성폭력), 사이버문제

02
학급 단위
실천 프로그램

아이들이 하루 중 가장 많은 시간을 보내는 교실에서 아이들을 돌보고 가르치는 교사의 역량은 매우 중요하다. 새 학년을 시작할 때부터 안전하고 평화로운 교실을 만들기 위해 노력하는 학급은 그렇지 않은 학급에 비해 문제가 일어날 가능성이 적고, 생기더라도 커지기 전에 풀릴 가능성이 높으며 이렇게 문제를 함께 해결하면서 성장하게 된다. 예전에 비해 가르치는 능력 이상으로 아이들의 삶을 살피는 능력이 교사에게 중요해졌다. 사회의 변화와 함께 앞으로 더욱 더 중요해지리라는 사실에도 의심의 여지가 없다. 그러므로 평화로운 교실을 만들기 위한 교사의 학급운영 역량이 절실하다. 교사로서 기본기를 익히기 위해서는 『학급운영시스템』(정유진, 2015)을, 아들러 심리학에 근거한 체계적 학급운영을 배우고 싶다면 『학급긍정훈육법: 활동편』(테레사 라살라 외 2명, 2015)을, 아이들의 행동을 빠르게 수정하고 싶다면 『1-2-3 매직: 간단하지만 강력한 마법 같은 3단계 자녀교육법』(토마스 W. 펠런, 2018)을, 아이들과 대화하는 방법을 익히고 싶다면 『비폭력대화』(마셜 B. 로젠버그, 2017)를 추천한다.

두려울 때 인간은 작은 불만에도 감정이 격렬해진다. 폭력적이 될 가능성도 높아진다. 그래서 두렵지 않은 환경을 만드는 것이 중요하다. 충분히 보호받고 있다는 것, 문제가 생기면 평화적으로 해결할 수 있는 환경이 준비되어 있다는 것, 혼자가 아니라 함께하는 사람들이 있다는 것, 문제를 나쁜 것으로만 보지 않고 문제를 해결하는 과정을 통해 성장할 수 있도록 같이 노력한다는 것을 알고 경험해야 한다. 이런 학급과 학교를 만들기 위한 노력이 밑바탕이 되어야만 추후 이어지는 다른 문제들의 해결방법들도 효과를 볼 수 있다.

교사들이 모여서 함께 이야기를 나누면서 자신의 학급과 학교의 〈문제예방해결시스템〉을 만들어가는 것이 매우 중요하다. 이렇게 학교 기본안을 만들고 학년 또는 학급의 특색에 맞게 수정해서 사용하도록 한다. 교사 개인플레이가 아니라 학교 전체가 팀플레이로 진행이 되며 이것이 학교의 중요한 시스템 중 하나로 자리잡아야 한다.

문제 예방을 위한 활동을 간략히 소개한다. 자세한 활동 방법은 앞서 소개한 책을 참고하기 바란다.

1_ 첫 만남

새 학년의 첫날을 새롭게 시작할 때 교사의 철학과 학급의 문화에 대해 이야기한다. 함께 지내면서 지켜야 할 기본적인 것들, 상호존중과 책임, 협력과 같은 중요한 가치를 담아서 첫 날 첫 시간에 이야기 나눈다.

색연필이나 반창고등의 소품을 활용하여 서로의 다름을 인정하고 화합하며 작은 도움을 나눌 줄 아는 학급의 모습을 함께 상상하는 시간을 갖는다.

2_ 친해지기 활동 : 공동체 놀이

새로운 공동체에 대한 긴장을 풀고 어색한 관계를 부드럽게 하기 위해 간단한 놀이를 한다. 기왕이면 덜 경쟁적이고 협력하면서 즐거움과 함께 공동체의 가치를 느낄 수 있는 놀이를 하면 좋다. 『학급운영시스템』(정유진, 2015)에서는 여러 가지 의자 놀이를 소개하고 있다.

3_ 나는 어떤 사람이 될까?

내가 좋아하는 친구는 어떤 특징이 있고, 싫어하는 친구는 어떤 특징이 있는지 찾아서 자기를 돌아보고 앞으로 노력할 것을 약속하는 활동이다. 이 활동을 아이들이 스스로 자신을 돌아보고 나아갈 길을 알아차리게 해준다. 약속을 기록해서 교실 벽에 게시해두면 이후에도 학생 개인의 나침반과 같은 역할을 하며, 문제가 생겼을 때 그것을 확인하게 하여 스스로 약속을 지키도록 이끌어주는 데 활용할 수 있다.

4_ 학급규칙 만들기

먼저 우리가 원하는 우리 반에 대해서 생각하고 이를 위해 함께해야 할 것들을 정리한다. 이어서 이를 방해하는 문제를 분류하고 해결 방법을 찾아서 규칙으로 만든다. 이렇게 만든 학급의 규칙을 학생, 교사만이 아니라 학부모도 확인하도록 한다.

5_ 의사소통 기술

교사의 철학, 놀이를 통해 친해진 관계, 자기성찰, 학급규칙이 있다 하더라도 평상시 의사소통이 주로 거친 말과 욕설로 이루어진다면 학급의 평화는 무너질 수밖에 없다. 그래서 의사소통 기술을 배우고 실천하는 것이 매우 중요하다.

듣기 싫은 말, 듣고 싶은 말을 적어보고 각각의 말들이 어떤 감정을 불러일으키는지 이야기 나눈다. 상대방의 말을 잘 듣는 법, 자신의 의사를 잘 표현하는 법을 익히는 활동을 한다.

6_ 학급 일과 함께 정하기

학급 일과를 함께 정하는 것은 학생들이 존중하고 잘 수행하는 데 필요한 활동이다. 함께 정한 일과를 존중하고 잘 지킬수록 학생들 사이의 갈등이 줄어들게 된다. 하루 중 필요한 일과를 브레인스토밍하고 아침 시간, 공부 시간, 쉬는 시간, 하교 시간으로 나누어서 정리한다. 정리한 일과는 반드시 게시하고 함께 지키도록 노력한다. 교사는 학생들이 일과를 지킬 수 있도록 도울 것이라고 안내한다. 때로는 일과를 지킬 수 있게 돕는 역할을 학생에게 부탁할 수도 있다.

7_ 의미 있는 역할

학생이 학급에서 자신의 역할을 가진다는 것은 학급에 소속감을 갖고 공동체에 기여할 수 있는 좋은 기회이다. 연구에 따르면, 사람은 좋은 물건을 사는 것보다 누군가에게 기쁨을 줄 때 더 행복하다고 한다. 학생들이 직접 학급에 필요한 역할을 나누고 그 역할을 맡아 해보는 것은 학급의 문제를 해결하는 데 많은 도움을 준다. 역할을 정할 때는 반드시 누구나 한 개씩은 하도록 해야 하며, 만약 어느 학생이 하기 싫다고 할 경우 스스로 어떤 역할을 하고 싶은지 생각해 오라고 할 수 있다.

8_ 상호 존중 기술

『학급긍정훈육법: 활동편』1부 6장의 〈상처받은 영대〉 활동은 학생들이 상호 존중을 배우는 데 매우 효과적이다. 아이 한 명 (영대)을 그린 후 가위로 오린다. 그리고 학생들에게 소개한다. "우리 반에 새 친구가 왔어요. 근데 이 친구의 표정이 좋지 않네요. 친구에게 어떤 일이 있었는지 인터뷰를 해 볼게요." 교사는 인터뷰를 시작한다. "여러분, 영대가 친구들로부터 상처가 되는 말과 행동을 경험하면서 몹시 힘들었다고 하네요. 어떤 말과 행동이었을까요?"라고 물으면 학생들은 돌아가며 상처되는 말과 행동을 이야기한다. 그때마다 교사는 전학생이 그려진 종이를 조금씩 구긴다. "여러분 결국 전학생의 마음이 이렇게 구겨지게 되었어요. 어떤 말과 행동을 하면 영대의 마음이 풀릴까요?" 학생들은 돌아가며 영대의 마음을 열기 위한 말과 행동을 한다. 이때 교사는 종이를 조금씩 편다.

"여러분 전학생의 모습이 완전히 펴졌어요. 근데 아직 뭐가 남아있죠?"

"주름이요."

"맞아요. 상처는 치유될 수 있지만 완전히 없어지지는 않아요. 이렇게 마음속에 주름으로 남는답니다. 화가 나거나 속상하더라도 친구에게 상처가 되는 말은 하면 안 되는 거예요."라며 활동을 마무리한다.

9_ 협력하는 학급 만들기

협력의 반대는 무엇일까? 대부분 '경쟁'이라고 대답한다. 하지만 경쟁의 반대는 협력뿐 아니라 다양한 답이 가능하다. 통제, 내가 옳고 남이 틀리다는 생각, 수직적인 사고, win-lose 태도 등 다양하다. 이런 생각과 태도를 지양하고 협력의 가치를 배우는 데에는 다음과 같은 활동이 유용하다.

• 협력 저글링 : 둥글게 원을 그리고 선 학생들에게 학생수의 절반 가량의 공을 준다. 이 공을 떨어뜨리지 않고 공중에 계속 떠 있게 해야 한다고 말한다. 학생들이 아무렇게나 공을 던지며 혼란이 일어나면, 멈추라고 말한다. 학생들에게 해결책을 말해 보라고 한다. 학생들의 아이디어를 함께 살펴보고 협력을 위한 약속도 정한다. 예를 들어 '순서를 정해요', '비난하지 않아요', '짜증내지 않아요', '함께해요' 등의 약속이 나올 것이다.

• 인간 매듭 풀기 : 4명이 원을 만들고 오른손으로 오른쪽 사람의 왼손을 잡는다. 그리고 자리를 바꾼다. 다시 방금 잡았던 손을 잡으면 손이 엇갈리게 된다. 이 상태에서 협력 저글링을

하면서 만든 협력 규칙을 지키며 매듭을 푼다. 익숙해진다면, 인원수를 늘려 난이도를 높인다.

- 선 넘기 활동 : 학생들은 다른 모둠보다 빨리 성공하는 것에 집착하기 쉽다. 이때 선 넘기 활동이 매우 효과적이다. 활동 방법은 다음과 같다.

> 1. 2미터 떨어지게 선을 두 개 그리고, 두 명이 서로 마주보고 선다.
> 2. 서로가 자신의 선을 넘어오게 하면 승리한다.
> 3. 선을 움직이거나 상대를 잡아 당길 수는 없다.

위와 같은 미션을 주면, 학생들은 난처해한다. 어떻게 상대를 넘어오게 할지 고민한다. 경험에 따르면 학생들은 이 문제를 교사보다 유연하게 해결한다. 결국 서로가 상대의 선을 넘어야 한다. 함께 승리하게 되는 것이다. 한쪽이 이기려고 하면, 게임이 잘 끝나지 않는다. 함께 승리하기가 목표라면 어떻게 해야 할지 아이들에게 물어볼 수 있다. 우리는 함께 승리하는 길을 찾아야 하고, 이것이 진정한 협력이라는 점을 강조하며 활동을 정리한다.

10_ 실수와 실수로부터 회복하기

내가 생각한 것과 다른 결과가 나타난 경우 또는 의도하지 않았는데 행동이 일어난 경우, 둘 다 실수다. 이 실수에 대해 책임 있게 행동하는 것을 배우는 것은 매우 중요한다. 교사가 자신이 한 실수를 학생들과 나누는 것이 효과가 좋다. 그 실수를 어떻게 해결할 것인지를 함께 의논한다. 예를 들어 실수로 친구의 우유를 쏟았다면,

- 미안하다고 한다.
- 닦아준다.
- 내 우유를 나누어준다.
- 앞으로는 조심해서 다닌다.

이와 같이 실수했을 때 그로 인한 문제를 어떻게 해결할지 구체적인 이야기를 나누어야 한다. 이렇게 실수 후 해결하는 책임 있는 행동을 약속하고 실천하도록 돕는다.

11_ 감사 나누기, 마음 나누기

상처받은 아이는 타인을 배려하기가 힘들다. 이 아이에게 규칙을 존중하게 하고, 타인을 존중하게 하기 위해서는 결국 스스로를 사랑하게 하는 것이 먼저인 것이다. 스스로를 사랑하게 되려면 먼저 사람들과 서로 마음을 나눌 수 있어야 한다. 자신을 긍정적으로 바라보는 친구, 선생님의 이야기를 들을 수 있어야 한다. 하루 중 잠깐이라도 서로의 마음을 나누는 시간을 가지고, 서로에 대해 칭찬하고 격려하는 시간을 갖는다면 여러 가

지 문제가 절로 예방된다. 매일 감사한 것을 공책에 기록하고 다음 날 발표하는 방식, 눈을 감고 하루 중 감사한 것을 생각하고 생각이 나면 눈을 뜨고 말하는 방식을 추천한다. 알림장의 마지막 번호에 감사한 것이나 칭찬할 것을 써보게 하는 방법도 있다.

12_ 다름을 존중하기

우리는 모두 다른 환경에서 다른 경험을 하며 자랐기 때문에 우리의 생각과 행동은 다 다를 수밖에 없다. 이것을 받아들인다면 학생들은 서로가 옳고 틀린 존재가 아니라 서로 다른 존재임을 받아들인다. 세상은 이렇게 다른 생각들이 있어 더 건강하다는 것을 깨닫는다. 다름을 존중하는 자세를 가지기 위해 가장 좋은 방법은 〈성격유형검사〉를 해보는 것이다. 에니어그램, 학급긍정훈육법의 탑카드 활동, MBTI, 사군자 기질검사 등 다양한 검사도구가 있다. 이때 검사는 누군가를 어떤 사람으로 규정하기 위한 것이 아니라 그 사람의 행동 패턴을 이해하고 배려하는 목적으로 사용해야 한다는 점을 학생들에게 주지시킨다.

13_ 정기적으로 학급회의 하기

회의를 문제 발생시에 쓰는 도구로 사용하면 그 효과는 매우 떨어지게 된다. 회의는 시간을 정해 정기적으로 실시하는 것이 좋다. 학급회의의 형식은 뒤에 나오는 〈교사의 문제 해결 기술〉 방법13을 참고한다. (138페이지) 회의를 열 때는 미리 안건을 게시판에 쓰는 것이 효과적이며 문제 당사자들의 문제를 다룰 때는 당사자들에게 동의 여부를 반드시 확인한다.

여기 소개한 프로그램들은 『학급긍정훈육법 실천편』(pd-korea)과 『학급운영시스템』(정유진, 2015) 내용 중 핵심적인 내용을 인용한 것이다.

03
학교 단위
실천 프로그램

학교폭력 예방을 위해서는 학급 단위를 넘어 학교 전체의 공감
과 협력도 중요하다. 이를 위해 어떤 노력이 필요할까.

1_ 학생 자치 프로그램

학생 자치 프로그램을 학교 차원에서 실질적으로 운영할 필요가
있다. 학급에서 일어나는 문제들을 모아 학교 전체 학생회에서 의
논하며, 이렇게 학교 전체에서 결정된 사항을 학생들이 함께 따르
고 존중하는 태도를 훈련하는 것은 매우 중요하고 학교의 다양한
문제를 예방하고 해결하는 데 도움이 된다.

초등학교, 중학교, 고등학교에는 학생 임원제도가 있고 그에
따라 학생회를 구성한다. 전교 학생회와 학급의 학생회 활동이

유기적으로 연계되려면 학급에서 학급회의를 정기적으로 진행해야 하며, 전교학생회는 학급 학생회의 회의 결과를 바탕으로 학교 전체의 의제를 다루어야 한다. 회의의 결과는 포스터, 게시판, 영상 등의 방법으로 공유 및 활용한다.

2_ 또래 중재 프로그램

아이들의 문제는 친구들이 도와주는 것이 가장 효과적이다. 이를 위해서는 친구를 어떻게 도와줄지, 갈등을 어떻게 해결할지에 관한 매뉴얼과 교사들의 지원, 연습이 필요하다. 아이들이 서로 다투게 되면, 보통 감정부터 상한다. 낙담한 아이들은 건강한 해결책을 찾기보다는 힘을 사용하여 해결하려고 한다. 뒤에서 험담을 하거나 편을 짓고, 보복을 계획하기도 하고, 아예 해결을 포기한 채 지내기도 한다. 그렇게 되기 전에 학생들끼리 스스로 문제를 해결하는 데 교사가 도움을 주는 활동으로 〈감격해 카드〉를 추천한다.

1단계 : 감정 카드 한 장 고르기
고른 감정 카드를 보며 마음을 나눈다. 이때 불편했던 행동을 찾는 것이 중요하다.

2단계 : 격려 카드 여러 장 고르기
격려 카드를 읽는 것만으로도 효과적이다. 또래 중재자는 다툰 친구들에게 해 주고 싶은 격려 카드를 골라서 읽어준다.

3단계 : 해결 카드 3장 고르기

서로가 해결하고 싶은 방법을 3장씩 고른다. 그리고 서로 확인을 하고 일치하는 것이 있으면 그 방법으로 해결한다.

감정을 살피고 **격**려를 통해 회복하며 용기를 가지고 문제를 **해**결하는 〈감격해 카드〉는 이 3단계를 통하여 학생들이 스스로 문제를 해결할 수 있도록 만들었다. (『감격해카드』, 김성환, 에듀니티, 2016)

3_ 교사가 할 수 있는 학부모 프로그램

교사들은 이구동성으로 갈수록 학부모 상담이 어렵다고 한다. 그런데 학부모도 교사와의 상담이 두렵기는 마찬가지다. 둘 다 두려운 건 마찬가진데 그 마음을 누가 먼저 들키느냐의 문제랄까? 교사 입장에서는 아이의 잘못을 부모에게 말해서 협조를 요청하고 싶어한다. 반면 학부모는 고작 몇 개월 같이 생활한 교사가 자녀의 잘못을 말하면 쉽게 수치심과 분노를 느낀다. 부모가 이기적이어서가 아니라 어머니의 뇌구조가 자녀의 성공과 실패를 자신의 그것과 동일시하기 때문이다. 교사도 학부모로서 아이의 담임교사와 상담할 때면 똑같은 감정을 갖게 된다. 그 경험을 통해 그동안 교사로서 자신이 학부모에게 말로 했던 만행(?)을 비로소 깨닫게 된다. 교사가 아무리 좋은 의도로 얘기해도 학부모 입장에서는 불편할 수밖에 없다는 점을 인식하는 것이

중요하다.

그래서 첫 단추를 잘 꿰어야 한다. 학기 초에 가정으로 정성을 담은 편지를 보낸다. 자신이 교사가 된 이유와 담임교사로서의 마음가짐, 올해 학급을 어떻게 운영할 것인지에 대해 간단하게 안내한다. 휴대전화 문자나 학생을 통해 담임교사가 가정으로 전화드릴 것을 미리 알린 후, 하루에 4~5명의 부모님들께 전화해서 인사를 한다. 학부모가 담임교사에게 기대하는 부분을 경청하고, 교사가 아이에 대해 알아야 할 부분이 있는지 물어본다. 번거로운 과정일 수 있지만 이러한 소통이 학기 초에 교사와 학부모가 서로 신뢰를 쌓을 수 있는 좋은 기회가 되고, 나중에 학교폭력 사건이 발생했을 때 큰 힘이 된다. 담임 선에서 사건이 종결되거나, 정식 절차를 밟게 되더라도 보다 부드럽게 마무리할 수 있다.

학교에서 3월에 여는 교육과정설명회 및 학부모총회에서 학급운영에 대해 간단히 안내하고, 학부모가 궁금해하는 점들을 듣고 답하는 시간을 갖는다. 이때 책상과 의자를 반원이나 원모양으로 배치하고, 시간적인 여유가 있을 경우 '자녀를 키우면서 가장 행복했던 경험'을 주제로 대화를 잠시 나누면 따스한 분위기가 된다.

1학기 상담은 부모님께 아이에 대한 정보를 교사가 충분히 듣는 자리로 마련하겠다는 취지를 가정에 미리 안내한다. 담임교사가 학생에 대한 긍정적인 관심을 보이면 학부모의 신뢰를 얻게 된다. 자연스럽게 학부모로부터 학생에 대한 정보를 얻을 수 있다. 2학기 때는 학생의 긍정 행동과 문제 행동을 균형 있게 나누되, 평가적인 용어를 삼가고 관찰과 일화 중심으로 설명하면서 함께 학생의 성장을 모색한다.

질병으로 인한 아이의 지각이나 결석은 문자 메시지로 알려달라고 미리 당부해둔다. 해당 메시지가 오면 '네, 알겠습니다' 보다는 아이의 아픔과 부모님의 걱정하는 마음에 공감을 표하고 아이의 쾌유를 비는 메시지를 보내면 아이와 부모에 대한 교사의 따스한 관심이 전해져서 신뢰 형성에 큰 도움이 된다. 한 달에 한 번씩은 아이에 대한 칭찬을 담은 메시지를 보내라고 권하고 싶다. 조금 부담스럽기는 해도 평소 열심히 실천했으면 좋겠다. 제발 우리 반에서, 내가 가르치는 학생들이 학교폭력에 연루되지 않기를 바라며 노심초사하기보다는 문제가 생기더라도 교육적으로 원만하게 해결할 수 있다는 희망을 가지고 평소의 노력으로 그 기초를 다진다고 생각해보면 어떨까. 진심은 반드시 통한다는 믿음으로 학교폭력에 대한 두려움을 떨쳐내야 한다.

4_ 학교 차원의 노력

학교폭력 문제는 학교 주변 민심에도 적잖은 영향을 받는다. 사건이 일어나면 평소 지역주민으로서 학부모가 학교를 어떻게 인식하고 있는지가 고스란히 드러난다. 학부모로서 또는 지역주민으로서 접해온 학교에 대한 평소의 인식이 있기 마련이다. 학교에서는 일단 법으로 정해진 학교폭력 예방 교육이 형식적이 되지 않도록 노력해야 한다. 학교에서는 한 학기에 1회 이상 예방 교육을 해야 하는데 다른 행사에 끼워넣기 식으로 처리하는 경우가 적지 않다. 전문기관이나 전문가에게 교육을 의뢰하는 경우에도 외부인에게 강의를 맡기는 정도로 끝낼 것이 아니라 반드시 학교 관계자가 함께 참석해서 학교가 학교폭력 문제의 예방과 해결에 관심과 의지가 있음을 학교 안팎에 분명히 인식시켜야 한다. 우리 학교에서만큼은 학교폭력 사안이 발생하지 않을 거라 믿고 싶고, 학교폭력 업무만큼은 회피하고 싶은 마음이 지배적인 분위기 속에서는 마치 폭탄 돌리기처럼 책임교사를 정하고, 사건이 터지기 전까지는 다들 외면하기 십상이다. 사건 발생 이후에도 어떻게 하면 연루되지 않고 피해갈까 하는 마음만 커질 가능성이 높다. 이런 분위기가 학부모나 지역 사회에 알려지지 않을 수 있을까. 학교마다 사정이 다르기 때문에 학교폭력 예방을 위해 해야 하는 일을 일률적으로 말할 수는 없다. 하지만 학교폭력을 담당하는 책임교사와 관심 있는 교사 중심의 개인 활동에 그치지 않고 전문적 학습공동체의 학습 주제로 삼는 등 학교 차원에서 관심을 가지고 팀 플레이를 할 수 있도록 노력할 필요가 있다.

가해학생 학부모 교육에서 만나본 학부모는, 몹시 당황스러운 가운데서도 나름 열심히 자구책을 찾고 있었다. 그런 태도 속에는 교사와 학교에 대한 학부모의 인식이 크게 작용하는 것을 느낄 수 있었다. 평소 믿음을 가졌던 학교와 교사를 상대하는 것과 불신하는 학교와 교사를 대상으로 하는 것이 어떻게 같을 수 있겠는가.

PART

IV

학교폭력 문제 해결
절차 바로 세우기

00
학교문제해결시스템

학교의 학교폭력 문제의 관련 절차가 기존에는 〈학교폭력 전담기구〉와 〈학교폭력대책자치위원회(학폭위)〉로 구성되어 있었다면 여기서 제안하는 〈학교문제해결시스템〉은 각 구성원의 역량을 키우는 것과 함께 적절한 절차를 통해 해결할 수 있는 시스템으로 고안되었다. 학교에서는 〈학생문제해결절차〉 1~5단계와 〈교사문제해결절차〉 1~6단계 그리고 〈학교문제해결절차〉 7~9단계를 적용하고, 교육청에서는 〈학교폭력 관련 전문위원회(10단계)〉를 만들어서 운영할 것을 제안한다. 또한 기존의 〈학교폭력 전담기구〉를 일반적인 문제와 학교폭력을 함께 다루는 〈학교문제 전담기구〉로 전환할 것을 제안한다. 전담기구의 역할도 접수와 사건을 조사해서 학폭위에 보고하는 것만이 아니라 보다 적극적으로 문제의 종류와 정도를 확인하여 이를 다룰 기구를 결정하도록 할 것을 제안한다.

■ 학생문제해결절차

| 1단계 · 감정 조절 | ① 하 호흡법 　　　 ② 확장시야
③ 감정자유기법 |

↓

| 2단계 · 평화대화법 | ④ 행 · 감 · 바 　　　 ⑤ 인 · 사 · 해 · 약 |

↓

| 3단계 · 수호천사 | ⑥ 수호천사 |

↓

| 4단계 · 도움 요청 | ⑦ 도움 요청하기(· 선생님　 · 부모님　 · 학급회의　 · 전담기구　 · 117) |

↓

| 5단계 · 학급 회의 | ⑧학급 평화회의 |

■ 교사문제해결절차

| 1단계 · 문제 확인 |

↓

| 2단계 · 교사 감정 문제 | ① 감정 조절 　　　 ② 평화대화법 |

↓

| 3단계 · 학생 규칙 문제 | ③ 집중기술 　　　 ④ 알아차리게 하기
⑤ 카운팅-타임아웃 　 ⑥ 변화계획 상담 |

↓

| 4단계 · 학생 감정 문제 | ⑦ 공감적 경청 　　　 ⑧ 문제해결센터
⑨ 간단한 싸움 해결법 　 ⑩ 단계적 싸움 해결
⑪ 역할 바꾸기 상담 　 ⑫ 문제 해결 집단 상담 |

↓

| 5단계 · 학급-학년 문제 | ⑬ 학급 평화회의 　　 ⑭ 학년 평화회의 |

↓

| 6단계 · 학부모 상담 | ⑮ 일반 문제 상담 　　 ⑯ 폭력 문제 상담 |

고의적이지 않고
지속적이지 않고
심각하지 않아서
생활교육으로 해
결할 문제

■ 학교문제해결절차

| 7단계 · 학교문제 전담기구 | ① 문제 접수
② 종류 확인 ┐ 고의성
③ 정도 확인 ┤ 지속성
④ 담당 결정 ┘ 심각성 |

↓

| 8단계 · 선도위원회 | ← 폭력이 아닌 경우 |

| 9단계 · 학교폭력대책 자치위원회 | ← 고의성, 지속성, 심각성이 있어 학교
차원에서 다뤄야 할 문제 |

| 10단계 · 교육청 학교폭력 전문위원회 | ← 고의성, 지속성, 심각성이 매우 커서 교육청
차원에서 보다 전문적으로 다뤄야 할 문제 |

학교는 교육기관으로서 학생에게 일어나는 많은 문제들을 1차적으로 교육적으로 해결하기 위해 노력해야 하며, 문제의 정도가 심해서 생활교육으로 해결하기 어려울 때는 사법적인 절차를 따라야 한다. 모든 문제를 교육적인 방법으로 해결하는 것이 어려운 것처럼 모든 문제를 사법적으로 해결하려는 것도 어렵다. 문제의 종류와 정도를 보다 정확하게 확인하여 가장 잘 해결할 수 있는 방법을 선택해 적용해야 한다.

무엇보다 학생이 스스로 문제를 해결할 수 있는 능력을 키우는 것이 매우 중요하다. 이를 위해서 먼저 교사의 문제 해결 능력을 키워야 한다. 교사가 학생에게 해결 방법을 가르치는 것과 함께 교사가 적절한 방법으로 문제를 해결해 내는 것이 중요하다. 모든 문제를 처벌할 것이 아니라 작은 문제일 때부터 적절하게 풀어가면서 함께 성장해 나가며, 큰 문제일 경우 전문적인 기구에 의해 보다 적절한 도움을 받을 수 있도록 해야 한다. 〈학교문제 해결시스템〉의 영역과 절차를 좀 더 자세히 살펴보자.

학생문제해결절차

학생이 문제를 해결하는 절차 1단계 〈감정 조절하기〉는 문제가 생기면 먼저 감정 조절법을 사용하여 학생 스스로 감정을 조절한다. 2단계 〈평화 대화법〉은 문제가 되는 친구에게 자신의 감정 상태와 바람을 평화적으로 이야기하게 하고, 사과할 것은 사과하도록 한다.

그러고도 해결되지 않는 문제는 3단계 〈수호천사〉로 넘어가 친구들이 도와주거나 4단계 〈도움 요청하기〉로 학교에서는 선생님에게, 집에서는 부모님에게 도와달라고 한다. 5단계 〈학급 평화회의〉는 학급에서 회의를 통해 함께 해결하는 과정이다. 6단계는 부모님, 선생님과 함께 상담을 통해 해결하는 과정이다. 여기까지는 학급과 가정에서 생활교육을 통해 해결하는 과정이다. 많은 문제들이 이 과정에서 풀리고 교육적으로 다뤄짐으로써 학생은 더욱 성장하게 될 것이다. 하지만 이런 과정을 거치고도 해결되지 않는 문제는 7단계에서 학교문제 전담기구를 통해 해결을 요청할 수 있다. 또한 학교 밖에서 문제를 겪거나 목격했다면 117에 신고하여 경찰에 도움을 요청할 수 있다.

교사문제해결절차

교사가 문제를 해결하는 절차 1단계 〈문제 확인〉은 교사가 지금 직면한 문제가 누구의 무슨 문제인지 알아차리고 적절한 해결 방법을 모색하는 단계다. 문제는 교사-학생 차원, 학급-학년-부모 차원, 학교 차원, 학교 밖 차원으로 나뉜다. 이때 가장 중요한 것은 교사의 감정 문제다. 교사의 감정이 안정되어 있다면 큰 문제도 적절하게 해결해 낼 가능성이 높지만, 교사의 감정이 안정적이지 않다면 작은 문제도 제대로 해결되기 어렵다.

2단계 〈교사 감정 문제 해결〉은 교사가 화났을 때의 대처법을 말한다. ①감정 조절, ②평화 대화법을 사용할 것을 권한다. 이는 〈학생문제해결절차〉 1~2단계와 비슷한 내용이며, 교사가 이 방법들을 사용하며 감정을 조절해내는 것은 학생의 감정 조절 능력을 키워주는 데 있어서도 매우 중요하다. 교사가 조절하지 못하는 감정을 학생이 어찌 조절할 수 있겠는가? 교사가 스스로 감정을 다스리는 것을 보여줘야 학생도 감정 조절을 할 수 있다.

3단계 〈학생 규칙 문제 해결〉은 학생이 학교생활 중 규칙을 어겼을 때 사용하는 방법이다. 학생이 수업에 집중하지 않아서 수업을 방해하거나 학습에 지장이 생긴다면 ③집중기술을 사용하여 집중하도록 한다. 그래도 문제가 해결되지 않으면 그것이 문제라는 것을 알아차리도록 하기 위한 ④알아차리게 하기 방법을 사용한다. 그래도 해결되지 않으면 ⑤카운팅 – 숫자를 세서 스스로 조절하지 않으면 타임아웃(보다 큰 책임)을 하게 된다는 것을 알려준다. 그래도 해결되지 않는 문제는 교사와 학생이 따로 시간을 내서 문제가 무엇이고 이 문제가 서로에게 어떤 영향을 미치는지, 이를 해결하기 위해 어떤 노력이 필요한지 상담하고 스스로 기록하도록 해서 변화할 수 있도록 돕는 ⑥변화 계획 상담을 사용한다.

4단계 〈학생 감정 문제 해결〉은 사소한 감정 문제에서부터 심각한 감정 문제까지 다양한 감정 문제를 다루는 방법들로 구성되어 있다. 먼저 학생의 감정에 공감하면서 이야기를 듣는 ⑦공감적 경청을 사용하여 스스로 감정을 조절함으로써 문제 해결 능력을 회복하도록 돕는다. 선생님에게 이르거나 혼내주기를 바라는 아이들이 있다면 문제해결방법이 적혀 있는 ⑧문제해결센터에 가서 스스로 해결하도록 안내한다. 작은 다툼이라면 ⑨간단한 싸움 해결법을 사용하고, 지속적인 다툼이거나 조금 심하다면 ⑩단계적 싸움 해결법을 사용한다. 이런 과정을 거치고도 감정적 문제가 남아있는 학생이 있다면 ⑪역할 바꾸기 상담 기법을 사용하여 자신의 입장에서 잠시 벗어나 다른 사람의 입장에서 이해할 수 있도록 돕는다. 집단 따돌림과 같은 문제일 때 ⑫문제 해결 집단 상담 기법을 사용한다.

5단계 〈학급 – 학년 문제 해결〉은 2~4단계 방법으로 해결되지 않는 심한 문제나 심하지는 않지만 지속적으로 발생하는 문제를 학급회의에 부치는 ⑬학급 평화회의와 담임교사 혼자 해결하기 어려운 문제나 여러 학급의 아이들이 연루된 문제를 동학년에서 함께 해결하는 ⑭학년 평화회의로 구성되어 있다. 중요한 것은 학급회의가 시시비비를 가리는 재판이 아니라 우리가 어떻게 도울 수 있고 어떻게 평화롭게 해결할 수 있는지를 모색하는 자리라는 것이다. 우리 공동체에서 일어난 일이므로 개인이 해결하지 못하면 공동체가 함께 해결한다는 전제하에 학급회의를 연다.

6단계부터는 학부모와 함께한다. 이 단계는 소소한 생활 문제를 알리고 함께 해결하기 위한 ⑮일반 문제 상담과 크고 작은 학교폭력 문제에 대해 안내하고 함께 해결하기 위한 ⑯폭력 문제 상담 방법으로 구성되어 있다. 지금까지는 문제가 생긴 것을 통보만 했고, 문제 해결을 위해 부모가 해야 할 일을 정확하게 안내하지 못했었다. 이런 문제 해결 방식으로는 부모의 혼란과 거부감만 키울 가능성이 높았다. 중요한 것은 문제의 통보가 아니라 교사와 부모가 학생을 위해 한 팀으로 노력한다는 것이다.

학폭위에서 다루는 심각한 문제들도 잘 들여다보면 단순히 서로 놀리거나 순간적으로 화를 참지 못해서 생기는 경우가 많다. 작은 문제였을 때 적절한 방법으로 해결했더라면 그렇게 커지지 않았을 문제들이다. 공동체 생활은 갈등이 일어날 수밖에 없는데 이렇게 작은 갈등들을 효과적으로 해결하는 방법을 배우는 과정을 통해 향후 더 큰 문제들도 다룰 수 있는 힘이 생기게 된다.

이렇게 6단계 16가지 기술을 사용하고도 해결되지 않는다면 교사와 학생, 학부모가 교육적으로 해결할 수 있는 범위를 넘어서는 문제라 할 수 있다. 그런 문제는 7단계로 넘겨 〈학교문제 전담기구(가칭)〉에 보고하고 이후 적절한 절차를 통해 해결하도록 한다.

학교문제해결절차

여기서는 제안하는 〈학교문제해결시스템〉의 가장 큰 특징은 문제를 예방하기 위한 노력과 함께 각 구성원의 문제 해결 능력을 키우는 것 그리고 〈학교문제 전담기구〉의 성격과 역할을 보다 강화하자는 것이다.

7단계 〈학교문제 전담기구〉에서는 문제를 접수하고 문제의 종류와 정도(고의성, 지속성, 심각성)를 확인하고 문제를 해결할 담당 기구를 결정한다. 신고된 문제를 곧바로 학폭위에서 다루도록 하는 것이 아니라 생활교육으로 해결할 수 있는 경미한 문제는 5~6단계인 학급 담임, 동 학년, 부모 선에서 해결하도록 하는 것이다. 5~6단계에서 해결되지 않은 문제나 고의성, 지속성, 심각성이 큰 문제라면 9단계 학폭위에서 다루고, 그 정도가 매우 심각하다면 10단계인 교육청에서 해결하도록 사안을 이관해야 한다. 학교폭력의 문제가 아닌 문제들은 8단계 〈학생선도위원회〉에서 다루도록 한다.

01
학생 문제 해결 절차

학교폭력 문제를 예방하고 해결하는 가장 좋은 방법은 학생이 스스로 해결 능력을 갖는 것이다. 이를 위해서 다음과 같은 문제 해결 기술을 가르친다.

■ **학생 문제 해결 절차**

1단계 · 감정 조절	① 하 호흡법	② 확장시야	③ 감정자유기법
2단계 · 평화대화법	④ 행 · 감 · 바	⑤ 인 · 사 · 해 · 약	
3단계 · 수호천사	⑥ 수호천사		
4단계 · 도움 요청	⑦ 도움 요청하기(· 선생님 · 부모님 · 학급회의 · 전담기구 · 117)		
5단계 · 학급 회의	⑧학급 평화회의		

1단계 감정 조절하기

하 호흡법, 확장 시야, 감정자유기법과 같은 방법들을 사용하여 분노와 슬픔, 적개심 같은 부정적 감정에 휩싸이지 않고 스스로 조절할 수 있도록 한다.

2단계 평화 대화법

내가 화났다 하더라도 상대를 비난하거나 화내면서 말하는 것이 아니라 평화적으로 상대의 행동과 자신의 감정과 바람을 이야기하는 방법이다. 이때 사과하는 방법과 함께 상대가 받아주지 않을 때 사용하는 방법들을 배워서 활용하도록 한다.

3단계 수호천사

친구들이 다투고 있을 때 도와주거나, 자신이 다투고 있을 때 친구들에게 도와달라고 하는 것이다. 학급에 도와주는 친구들이 있다면 문제가 훨씬 적게 일어나며, 더이상 커지지 않고 잘 해결될 가능성이 높아진다.

4단계 도움 요청

1~3단계에서 학생이 스스로 해결하려 했으나 해결되지 않을 때 4단계 교사, 5단계 학급회의, 6단계 부모, 7단계 학교문제

전담기구(가칭) 그리고 특수한 경우에는 경찰의 도움을 받을 수 있다. 이때 중요한 것은 먼저 스스로 해결하기 위해 1~3단계의 방법을 사용해보고 선생님, 부모님, 학급회의를 통해 해결할 것을 권한다. 만약 이런 방법으로도 해결되지 않거나 너무 심한 문제라면 7단계 〈학교문제 전담기구(가칭)〉에 도움을 청할 수 있다. 학교 밖에서 일어난 심한 문제의 경우 경찰에게 도움을 청할 수 있다.

학생에게 문제해결기술을 가르치는 것은 『학급운영시스템』(정유진, 2015)에서 자세하게 다루고 있으며 일부 방법은 교사의 문제해결방법과 비슷하기 때문에 뒤에서 좀 더 자세하게 다룰 것이다.

02
교사문제해결절차

〈교사문제해결절차〉는 교사가 학교폭력 문제만이 아니라 수업과 생활에서의 다양한 문제를 해결할 수 있도록 통합해서 체계화하였다. 먼저 문제를 확인하고 이에 맞는 방법을 사용하자. 문제해결방법이 많은 것은 문제의 종류와 정도에 따라 적당한 방법이 다르기 때문이다.

■ 교사문제해결절차

1단계 · 문제 확인		
↓		
2단계 · 교사 감정 문제	① 감정 조절	② 평화대화법
↓		
3단계 · 학생 규칙 문제	③ 집중기술 ⑤ 카운팅–타임아웃	④ 알아차리게 하기 ⑥ 변화계획 상담
4단계 · 학생 감정 문제	⑦ 공감적 경청 ⑨ 간단한 싸움 해결법 ⑪ 역할 바꾸기 상담	⑧ 문제해결센터 ⑩ 단계적 싸움 해결법 ⑫ 문제 해결 집단 상담
5단계 · 학급–학년 문제	⑬ 학급 평화회의	⑭ 학년 평화회의
6단계 · 학부모 상담	⑮ 일반 문제 상담	⑯ 폭력 문제 상담

1단계 : 문제 확인

문제의 원인은 크게 다섯 가지로 구분한다.

① 교사의 감정 문제

② 학생의 규칙 문제

③ 학생의 감정 문제

④ 학급 및 학년, 학교의 협력이 필요한 문제

⑤ 학부모 협력이 필요한 문제

원인을 정확하게 파악하지 않고 문제를 해결하려 한다면 진
단을 제대로 하지 않고 수술을 하려는 것과 같다. 앞서 소 잡는
칼로 닭 잡는다는 속담을 이야기했는데, 이번에는 호미로 막을
것을 가래로 막는다는 속담을 이야기하고자 한다. 원래 가래가
아니라 호미로 막았어야 하는 문제였는데 그때 호미로 막지 않
았기 때문에 나중에 더 큰 힘과 도구를 써야 하는 상황을 일컫
는 속담이다. 작은 문제일 때는 호미로, 좀 더 큰 문제일 때는 가
래로, 훨씬 더 큰 문제일 때는 포크레인으로 막아야 한다. 마찬
가지로 학교에서 일어나는 문제도 정도에 따라서 적절한 방법을
선택해야 한다. 문제의 정도는 아홉 가지로 구분할 수 있다.

① 학생 스스로 해결할 정도의 문제

② 교사가 함께 해결해야 할 정도의 문제

③ 학급에서 함께 해결해야 할 정도의 문제

④ 학년에서 함께 해결해야 할 정도의 문제

⑤ 학부모가 함께 해결해야 할 정도의 문제

⑥ 학교에서 함께 해결해야 할 정도의 문제

⑦ 교육청에서 함께 해결해야 할 정도의 문제

⑧ 전문상담사가 함께 해결해야 할 정도의 문제

⑨ 사법기관에서 해결해야 할 정도의 문제

학폭위에서 다뤄야 할 정도의 문제를 학생 스스로 해결하도록 놓아둔다면 자살과 같은 매우 심각한 문제로 번질 수 있다. 학교폭력예방법이 지금과 같은 사법적 강제성을 갖게 된 원인이기도 하다. 심각한 학교폭력이 제대로 다뤄지지 않아서 더 큰 사고가 일어났기 때문에 사법적으로 단호한 학교폭력예방법이 등장한 것이다. 이제 이 법이 시행된지도 꽤 오랜 시간이 지났고 이것만이 답이 아니라는 것은 모두가 알고 있다. 반대로 학생의 문제 해결 능력을 키워줘야 하는 단계의 문제조차 학폭위에서 다루려 하는 것 또한 부작용을 일으킬 수 있다. 지금까지의 경험을 바탕으로 좀 더 섬세하고 효과적인 〈학교문제해결시스템〉으로 업그레이드해야 한다. 소 잡는 칼만 휘둘러서야 전문가라고 할 수 있겠는가?

앞에서 살펴본 문제의 원인과 정도에 따라서 다음과 같이 단계를 나누었다.

1단계 : 문제 확인

2단계 : 교사 감정 문제

3단계 : 학생 규칙 문제

4단계 : 학생 감정 문제

5단계 : 학급—학년 문제

6단계 : 학부모 협력이 필요한 문제

7단계 : 학교문제 전담기구(가칭)

8단계 : 학생선도위원회

9단계 : 학교폭력대책자치위원회(학폭위)

10단계 : 교육청 학교폭력대책전문위원회(가칭)

문제가 생기면 교사는 문제의 원인과 정도를 살피고 2~10단계 어디에 해당하는지 확인하여 적절한 방법을 사용하도록 한다.

2단계 : 교사 감정 문제

작은 문제라도 교사가 감정적으로 격앙되어 있다면 더 큰 문제가 될 가능성이 크며, 반대로 큰 문제임에도 교사가 감정적으로 안정되어 있다면 효과적으로 해결될 가능성도 커진다. 또한 학생을 잘 가르치고 생활지도를 잘 해야 한다는 책임감에 학생에게 부적절하게 화를 내게 되는 경우도 있다.

교사가 화난 상태로는 문제를 해결하기가 어렵다. 의사의 지시에 따르지 않아 병증이 심해진 환자에게 의사가 화가 난 채로 수술을 시작한다고 생각해보라. 무섭지 않은가?

방법1 **감정 조절하기** : 감정을 조절하기 위해 호흡을 조절하는 〈하 호흡법〉, 시야를 조절하는 〈확장 시야〉, 경혈을 두드려서 신체와 감정의 안정을 회복하는 〈EFT(Emotional Freedom Techniques)〉를 활용한다.

1. 하 호흡법

감정과 호흡은 깊은 관련이 있다. 감정이 격해지면 호흡도 격해지고 감정이 편해지면 호흡도 깊고 편안해진다. 격해진 감정을 조절하기 위해 호흡을 조절하는 방법이다.

① 마음속으로 숫자 3까지 천천히 세면서 숨을 깊게 들이 마신다.

② 숨을 멈추고 마음속으로 숫자 3까지 천천히 센다.

③ 마음속으로 숫자 6까지 천천히 세면서 '하' 소리를 내면서 입으로 길게 내쉰다.

④ 모두 다 내쉬고 나면 배를 당기며 남은 숨을 더 내쉰다.

⑤ 당겼던 배의 힘을 풀면 배가 앞으로 나오면서 다시 1부터 호흡을 한다.

⑥ 화나거나 불안해서 진정되지 않을 때 3~5회 정도 하 호흡을 한다.

2. 확장 시야

감정이 격해지면 시야도 좁아지기 마련이다. 좁아진 시야를 넓게 만들어서 감정을 조절하는 방법이다. 평소 공부하기 전에 사용해도 도움이 된다.

① 정면에 물체 하나를 바라보면서 시선을 고정한다.

② 정면에 시선을 고정한 채 시야를 좌우로 확장해서 최대한 많은 것을 본다.

③ 편안하고 깊게 숨을 마시면서 시야가 완전히 확장된 상태를 10초 이상 유지한다.

3. 감정 자유 기법 EFT(Emotional Freedom Techniques)

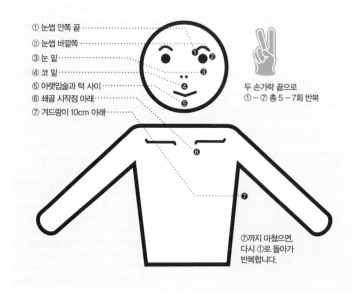

① 눈썹 안쪽 끝
② 눈썹 바깥쪽
③ 눈 밑
④ 코 밑
⑤ 아랫입술과 턱 사이
⑥ 쇄골 시작점 아래
⑦ 겨드랑이 10cm 아래

두 손가락 끝으로
①-⑦ 총 5-7회 반복

⑦까지 마쳤으면,
다시 ①로 돌아가
반복합니다.

EFT는 경혈을 두드리면서 확언을 말하며 감정을 조절하고 마음을 치료하는 기법이다. 그림에 있는 경혈을 순서대로 손가락을 가볍게 톡톡 두드리면서 마음속으로 "나는 비록 많이 화나지만, 이런 나를 있는 그대로 받아들이고 사랑한다"고 반복해서 말한다. 심호흡을 하고 확장 시야 상태를 유지하면서 EFT를 하면 효과가 더욱 더 좋다.

방법2 평화 대화법 : 감정이 어느 정도 가라앉았지만 꼭 이야기해야 하는 부분에 대해서는 평화적으로 이야기를 한다. 이를 위해 상대의 행동 – 나의 감정 – 나의 바람, 줄여서 〈행감바 대화법〉을 사용한다.

1. **상대 행동** : 내가 집중하라고 여러 번 이야기했는데도 계속 딴 짓을 하고 있구나.
2. **나의 감정** : 내 마음이 너무 불편해.
3. **나의 바람** : 나를 존중하고 수업에 집중해주기를 바란다.

3단계 : 학생 규칙 문제

교사를 화나게 만드는 것 중 하나가 학생이 수업에 집중하지 않고 방해하는 것이다. 처음에는 참고, 경고하다가 결국 폭발하게 되는 것이다. 처음에는 그다지 큰 문제가 아니었는데 교사와 학생 모두 감정이 상하면서 더 큰 문제가 되고 마는 것이다. 학생의 규칙을 어기는 상황일 때는 다음과 같은 방법을 사용한다.

방법3 집중기술 쓰기 : 학생이 수업에 집중하지 않아서 문제가 되다면 집중기술을 사용한다.

1. **자연스럽게 주의 집중시키기** : 선생님이 학생 곁으로 가서 일정 시간 수업을 한다.

2. **집중하는 법** : "선생님이 이야기할 때는?"라고 물으면 "바라보며 들어요"라고 답하며 바라본다.

3. **집중 손 신호** : 선생님의 손 신호에 따라 집중하는 법을 연습해서 활용한다.

4. **집중 말 신호** : "선생님을 보세요"라고 말하면 "선!"이라고 말하며 바라본다.

5. **눈 감기** : 그래도 집중이 되지 않으면 눈을 감고 〈하 호흡〉을 해서 자기 조절력을 회복하도록 한다.

6. **집중 연습 책상** : 한 아이가 반복적으로 문제를 일으키고 방법4와 방법5로도 좋아지지 않는다면 책상을 선생님 가까이로 옮겨서 수업을 듣도록 한다. 계속 반복되는 이야기지만 벌 받는 게 아니라 집중하지 못하기 때문에 집중하는 법을 연습하는 것이라고 안내한다.

방법4 알아차리게 하기 : 학생은 자신이 지금 무엇을 하고 있는지 알아차리지 못하거나, 무엇을 해야 할지 잊는 경우가 많다. 혼내는 것보다 알아차리고 스스로 해낼 수 있게 하여 자기조절력을 키우는 게 중요하다.

1. **해야 할 일이 무엇인지 묻기** : "영미야 지금 뭐 해야 하지?" 알아차리면 격려하고 모르면 다시 자세하게 알려준다.

2. **학급 규칙 가리키며 묻기** : 학급 규칙을 가리키면서 "지금 네가 지켜야 할 규칙이 뭐지?"라고 묻는다.

3. **학생의 약속 가리키며 묻기** : 이전에 학생이 약속 활동을 하고 그 내용을 붙여두었다면 이것을 사용할 수 있다. "네가 한 약속을 선생님이 읽어 줄까? 네가 와서 읽어 볼래? 스스로 잘할래?"

4. **알아차리라는 신호만 보내기** : 눈이 마주치면 학급 규칙, 학생 약속, 해야 할 일 등을 가리키면서 눈짓만 보낸다.

방법5 **카운팅–타임아웃** : 집중기술을 쓰고, 알아차리게 해서 스스로 조절하는 기회를 주었음에도 문제가 계속될 경우 '하나'하고 숫자를 세거나 학생 이름을 부르며 손가락 하나를 들어서 그 행동이 문제가 되므로 스스로 조절하라는 신호를 준다. 교사는 차분하고 명확한 목소리로, 학생을 존중하면서도 단호하게 신호를 보낸다. 문제가 계속되는 상황이기는 하지만 혼내거나 경고를 주는 게 아니다. 아직까지는 스스로 조절할 수 있는 기회를 주지만 앞으로 두 번 더 하게 되어, '둘'과 '셋'을 말하거나 손가락 신호를 보내게 되면 〈타임아웃〉이라 불리는 자리로 이동해서 타이머나 모래시계를 사용해 일정 시간동안 〈자기 조절 연습 및 친구들 관찰하기〉를 하게 된다는 것을 알려주는 것이다. 〈타임아웃〉은 벌을 받은 게 아니라 〈자기 조절 연습 및 친구를 관찰하기〉를 하는 시간이었으므로 잘 조절했다면 더 이상 이야기하지 않고 다음에 잘 해낸다면 격려해 준다. 초등학교 저학년 아이들이나 유치원 아이들을 위해서는 좋아하는 인형이나 악세사리를 둔 긍정의 타임아웃 장소를 만들어서 활용할 수 있다. 다만 긍정의 타임아웃 장소는 스스로 선택해서 가는 곳이며 카운팅으로 셋이 되었을 때 사용하지는 않는다.

방법6 **변화 계획 상담 :** 앞의 방법들을 사용했음에도 문제가 지속된다면 변화 계획을 위한 상담을 실시한다. 이 또한 혼나거나 반성문을 쓰는 게 아니라 계속되는 문제를 해결하기 위해 도와주는 것이다. 자신의 행동을 돌아보고 약속하고 연습하며 선생님과 지속적으로 상담하는 과정임을 명확히 한다. 〈문제해결시스템〉의 기본적인 관점은 학생은 문제아가 아니라 사회적 기술이 부족한 것이며 이를 가르쳐야 한다는 것이다. 문제가 해결되면 더 이상 상담을 하지 않겠지만 문제가 해결되지 않는다면 해결될 때까지 상담을 하거나 다음 단계인 방법13 〈학급평화회의〉를 통해 학급 친구들과 함께 문제해결을 위한 도움을 주거나 방법14, 15 〈학부모 협력 상담〉을 할 수 있다고 안내한다. 선생님이 무서워서 지키는 것이 아니라 자신이 져야 할 책임이 명확하기 때문에 지키도록 이끌어준다.

문제 해결 4-1 단계 : 선생님 상담 – 변화 계획서 1

1. 상담지 뒷면에 쓰인 우리 반의 규칙을 확인하세요.
   읽어보았습니다. (   )

2. 어떤 규칙을 어겼나요?

3. 구체적으로 어떤 행동을 했나요?

4. 그 행동을 한 이유는 무엇인가요?

5. 그 행동이 선생님과 다른 친구들에게 어떤 영향을 주었을까요?

6. 책임감 있게 행동하고 학급 규칙을 지키기 위해 앞으로 어떻게 해야 할까요?

7. 선생님이나 친구들이 도와줄 것은 무엇인가요?

8. 규칙을 정확하게 이해하고 실천하기 위해 뒷면의 규칙을 한 번 쓰면서 규칙
   을 지키기 위한 연습을 합니다. (뒷면의 규칙 쓰기)

9. 규칙을 잘 지키기 위한 연습을 해보니 어떤가요?

10. 지속적인 규칙 연습을 위해서 실천하고 선생님과 이야기를 나눕니다.
    오늘 방과 후 (   )   내일 방과 후 (   )   일주일 후 (   )

    나, _____는 보다 행복한 학급 생활을 위해서 학급 규칙을 잘 지
    킬 것을 약속합니다.

                              .   .   . 이름 _____ (인)

4단계 : 학생 감정 문제

학생의 감정 문제도 크게 둘로 나눌 수 있다. 학생이 감정적으로 어려움을 느끼고 있는 상황과 부정적 감정에 의해 문제가 되는 행동을 하고 있는 상황이다. 문제가 되는 행동도 타인에게 화를 내거나 비난하는 정도의 문제와 타인에게 폭력을 휘두르거나 험담하고 따돌리는 문제인 경우도 있다.

방법7 **공감적 경청과 도와주기** : 학생이 부정적 감정을 느끼고 있을 때 그것에 공감하고 학생에게 어떤 도움이 필요한지 물어본다. 공감하고 지지하고 격려하면서 감정 문제를 해결할 수 있도록 도와준다.

1. 관찰한 것을 이야기하고 물어본다. "얼굴 표정이 좋지 않은데 무슨 일 있니?" "많이 화났는데 무슨 일 있니?"
2. 화는 났지만 거친 행동을 하지 않는다면 어떤 도움이 필요한지 묻는다. "선생님이 어떻게 도와줄 수 있을까?"
3. 화나서 거친 말과 행동을 한다면 멈추게 한다. "네가 화난 것은 이해할 수 있어. 하지만 화났더라도 함부로 대하는 것은 안 된다는 거 알지?"
4. 그래도 거친 말과 행동을 하면 카운팅을 한다.
5. 거친 말과 행동을 하지 않으면 두 번째 단계로 돌아가 좀 더 이야기한다.

방법8 **문제해결방법 안내** : 학기 초에 학생에게 문제 해결 기술을 가르친 다음, 관련 자료들을 개인에게 배부하고 부모에게도 안내하며 교실에도 붙여 두어야 한다. 〈문제해결센터〉를 만들어서 문제가 생기면 먼저 그곳에 안내된 〈문제해결방법〉을 써서 해결하도록 안내한다. 가장 중요한 것은 문제를 평화적이고 효과적으로 해결할 수 있는 시스템을 만드는 것과 함께 학생과 교사 개인의 문제 해결 능력을 높이는 것이다.

"선생님, 민수가 저를 자꾸 괴롭혀요."

"문제해결방법 써봤니?"

"아니요."

〈문제해결센터〉를 가리키면서 말한다.

"먼저 문제해결방법을 써봐. 그래도 안 되면 선생님이 도와줄게."

방법9 **간단한 싸움 해결법** : 학생들이 싸웠을 때 사용하는 방법으로 심하지 않거나 시간이 많지 않을 때 간단하게 사용하는 싸움 해결법이다.

1. **듣기** : 두 아이의 이야기를 차례로 들어본다. 반박하려고 하면 기다리라고 한다. 먼저 이야기를 듣고 나서 다 듣겠다고 이야기한다.

2. **공감하기** : 상대의 잘못 때문에 기분 나쁜 부분에 대해 공감

한다. "너는 ○○이의 ~때문에 화났구나."

3. **잘못 확인** : 상대에게 잘못한 부분에 대해 확인한다. "00이가 놀려서 화가 나 때렸구나. 그런데 때린 행동은 옳지 않아. 알고 있지?" "○○이가 먼저 화나게 했다 하더라도 때린 행동은 옳지 않아. 알고 있지?" "맞아. 친구가 그래서 네가 많이 화난 건 이해해. 그래도 때린 행동은 옳지 않아. 알고 있지?"

4. **사과할지 묻기** : 잘못한 부분만 사과할 수 있는지 물어보고, 할 수 있겠다고 하면 그 부분만 사과하도록 한다. 할 수 없다고 하면 교실에 가서 싸움 해결을 위한 상담을 좀 더 자세하고 긴 시간을 들여 하겠다고 한다.

5. **확인하기** : 자신이 잘못한 부분에 대한 사과를 하고 상대의 사과를 받은 다음 기분이 어떤지 묻는다. 더 사과를 주고받을 것이 없는지 확인한다. 있으면 다시 1번부터 반복, 없으면 돌아가도록 한다. 간단한 싸움 해결법으로 해결되지 않는 싸움 문제는 방법10 〈단계적 싸움 해결법〉을 사용하는데 이것이 훨씬 더 복잡하고 오래 걸린다는 것을 학생들이 알고 있을 때 간단한 싸움 해결법의 효과가 높아진다.

방법10 **단계적 싸움 해결법** : 학생들이 싸웠을 때 화내지 않으면서 싸움을 해결하는 법을 가르쳐야 한다. 〈감정조절–문제확인–문제해결–약속–확인〉의 5단계에 걸쳐서 싸움을 해결하며 그 과정이 복잡하고 길다. 자신과 타인의 감정과 욕구 그리고 미치는 영향을 살펴서 자기성찰에 도움이 되게 한다. 학생들이 어려워하면 구체적으로 찾아낼 수 있도록 질문을 한다. 화내지 않고 침착하고 꾸준하게 해결 과정을 거치고, 며칠 동안 지속적으로 확인한다면 학생들은 선생님이 무서워서가 아니라 너무 번거로워서 다시는 싸우고 싶지 않다고 느낀다.

문제 해결 4-2 단계 : 선생님과 상담 – 싸움 해결하기

이름 : _____ 일시 : _____년 ___월 ___일 싸움해결 ___회

❶ 감정 다스리기

자리에 앉아서 하 호흡을 3번 합니다.

❷ 문제 확인하기

1. 언제 어디에서 누구와 무슨 일이 일어났나?

2. 내가 보고 들은 것은? 나는 어떻게 말하고 행동했나? (진행 순서대로 구체적으로 극본처럼 쓰기)

3. 내가 그렇게 행동을 한 이유는 무엇인가? (나의 감정과 욕구)

4. 친구가 그렇게 행동을 한 이유는 무엇일까? (친구의 감정과 욕구)

＊ 여기까지 기록했으면 선생님에게 제출하고 선생님, 친구와 함께 문제를 다시 확인합니다.

❸ 문제 해결하기

1. 나의 행동이 나와 친구 그리고 선생님과 우리 반에 어떤 영향을 미칠까?

❶ 나 :

❷ 상대방 :

❸ 친구들 :

❹ 선생님 :

❺ 부모님 :

2. 만약 시간을 돌릴 수 있다면 나는 그 상황에서 어떻게 말하고 행동하겠는가?

3. 지금 이 문제를 해결하기 위해 어떤 책임을 지겠는가?

❹ 약속하기

나는 나의 행동에 책임을 지고, 훌륭한 나 자신과 행복한 우리 반을 위해 다음의 내용을 지킬 것을 약속합니다.

❺ 확인하기

1. 오늘 방과 후 (   )   2. 다음 날 방과 후 (   )   3. 일주일 후 (   )

방법11 **역할 바꾸기 상담** : 감정이 너무 격앙되어 있고 자기 입
장만 주장하는 학생의 경우 역할 바꾸기 상담을 할 수 있다. 상
대방의 역할이 되어 보고 상대방의 부모, 자신의 부모, 선생님
의 역할을 해보면서 통찰과 감정의 안정을 도와준다. 보다 자세
한 방법을 알고 싶다면 『6학년 담임해도 괜찮아』(서준호, 지식프레
임, 2016)를 읽어보길 권한다.

1. 의자를 세 개 놓는다. A, B, C.
2. 문제행동을 한 아이가 A 의자에 앉는다.
3. 무슨 문제가 있는지, 감정과 욕구에 대해 묻는다.
4. B 의자에 앉으면 다른 친구의 역할을 한다. (피해를 받은 친구 또
   는 다른 친구)
5. A 의자에 앉아 있는 아이를 상상하면서 친구로서 하고 싶
   은 말을 해준다.
6. C 의자에 앉으면 부모의 역할을 한다.
7. A 의자에 앉아 있는 아이를 상상하면서 부모로서 하고 싶
   은 말을 해준다.
8. 다시 A 의자에 앉아서 자신으로 돌아온다.
9. 무엇을 알게 되고 느끼고 결심했는지 묻는다.
10. 구체적인 행동 계획을 세운다.

방법12 문제 해결 집단 상담(따돌림) : 여러 학생이 연관된 문제들, 특히 따돌림 문제를 해결할 때 사용하면 효과가 있다. 문제가 있는 학생만 모아서 하거나 학급 전체의 문제라면 학급 전체가 함께할 수 있다. 자세한 방법과 실제 사례는 『학급운영시스템』(정유진, 에듀니티, 2015)에 나와있다.

1. 준비(존중, 참여, 돕기, 문제해결)
2. 문제와 감정(피해) – 감정 공감
3. 문제와 감정(가해) – 감정 공감
4. 바라는 것 확인 – 들어주기
5. 중재(문제 해결 의견 제시) – 선택
6. 실천하도록 격려
7. 선생님 이야기 – 소감 나누기

5단계 : 학급–학년문제

방법13 학급 평화회의 : 학급에서 일어나는 다양한 문제를 다룬다. 다른 방법들로 잘 해결되지 않아서 학급 전체가 도와주어야 할 때 사용할 수 있다. 매주 1회 정기적으로 학급회의를 진행하고 특별한 문제가 생겼을 때는 문제해결을 위한 학급 평화회의로 진행하면 더욱 효과적이다. 학급 평화회의의 과정의 앞자를 줄여서 '준좋아해소'라고 부른다.

1. 준비하기 : 원으로 서로 마주 보고 앉는다. (마제형으로 앉아서 할 수도 있다.)

　- Goal : 우리 반의 약속을 함께 읽는다.

　　평화를 위해 서로 돕고 문제를 해결하며 함께 성장하는 시간이다.

2. 좋았던 것 이야기하기 (Reality 1)

　- 친구를 칭찬하거나 감사 또는 격려한다.

　- 지난 주 좋았던 것(수업, 활동 등)과 이유를 말한다.

3. 아쉬운 것 이야기하기 (Reality 2)

　- 아쉬운 것, 개선해야 할 것, 어려운 것은 무엇인가?

　- 그 이유는 무엇인가?

4. 해결방법 찾기 (Option)

　- 어떻게 하면 좋겠는가? 자유롭게 이야기한다. 역할극을 할 수 있다.

　- 실천할 것을 선택한다. (합리적인가? 도움이 되는가?)

　- 회의 결과를 기록하여 1주일 동안 게시하고 필요할 때마다 참고한다.

5. 소감 나누고 실천하기 (Way forward)

　- 생각하고 느끼고 실천하기로 마음먹은 것을 이야기한다.

　- 문제해결 과정에 참여한 것을 격려한다.

`방법14` 학년 문제 해결 회의 : 학급에서 해결하기 어려운 문제나 여러 학급에 걸쳐 있는 문제는 학년 문제 해결 회의를 실시한다.

1. 학급 또는 학년 문제 해결을 위해 서로 생각을 나누고 도와 주는 자리이다.
2. 문제를 확인한다.
   - 문제가 무엇인가?
   - 원인은 무엇인가?
   - 어떤 영향을 끼치는가?
3. 문제에 대한 해결책을 이야기한다.
4. 문제해결방법에 대해 평가하여 선택한다.
5. 문제 해결을 위해 협력한 것에 대해 감사를 표현한다.
6. 해결책을 실천하고 다시 이야기를 나눈다.

6단계 : 학부모 상담

`방법15` 일반 문제 학부모 상담 : 보통 전화로 상담을 하거나, 상담하기 위해 학교 방문을 요청한다. 전화로 상담할 때는 목소리로만 이야기를 주고받기 때문에 오해할 가능성이 높으므로 좀 더 많은 주의가 필요하다. 상담을 할 때는 코칭의 GROW 모델을 활용한다. G는 Goal(원하는 것, 목표), R은 Reality(현실, 장점과 문제점), O는 Option(선택, 협력방안), W는 Way forward(실천계획)의 첫 글자를 딴 코칭기법이다. 간단하면서도 효과적으로 활용할 수 있다.

1. 태도 : 내가 이런 전화를 받으면 어떨지 생각해본다. 교육 전문가는 부모가 아니라 교사이며 학생의 성장을 위해 서로 협력해야 한다. 부모에게 학생의 잘못을 일방적으로 전달하거나 지도하라고 하지 않는다.

2. 관계 형성 및 목표 확인(G) : 먼저 안부를 묻고 가능하면 학생의 장점에 대해 이야기를 한 다음, 문제에 대해 간단하게 이야기한다. 학생은 문제를 해결하면서 성장하므로 이를 돕기 위해 부모와 교사의 협력이 중요하다고 이야기한다.

3. 주제 확인(R) : 먼저 집에서 학생이 어떻게 지내는지 묻는다. 가정의 이유가 있을 수 있다. 학생이 성장과정에서 문제 행동을 할 수 있으니 너무 걱정하지 않도록 안심시킨다.

4. 협력 방안(O) : 교사로서 어떤 노력을 했고 앞으로 어떻게 할 것인지 이야기한다. 부모가 원하는 것에 대해 듣고, 집에서 노력해주기를 바라는 부분을 이야기한다.

5. 실천 계획(W) : 이야기 나눈 것을 정리해서 구체적인 실천 계획을 나눈다.

6. 감사-지속 : 함께 이야기 나눈 것에 대한 감사와 기대를 이야기하고 지속적으로 협력하자고 당부하고 마친다.

학교에서 상담을 할 때도 전화 상담에서 활용한 GROW 모델을 활용한다. 내가 학부모로서 상담하러 담임선생님에게 불려간다고 생각해보자.

학부모가 상담하러 오면 환대하고 편안하게 대화할 수 있도록 따뜻한 차를 함께 마신다. 앞서 이야기했듯 부모와 교사는 협력 관계임을 명확하게 한다. 상담하면서 관찰 기록 자료나 학생의 성과에 대해 이야기를 나누고 중요한 내용은 기록한다. 그냥 이야기만 하고 끝나는 것이 아니라 적절하게 기록되고 협력이 지속될 거라는 기대를 가질 수 있다. 편안한 분위기로 대화를 시작하고 문제 해결 방안을 협의하고 긍정적으로 마친다.

방법16 **폭력 문제 학부모 상담 :** 기본 과정은 다르지 않지만 피해학생 부모와 상담할 때와 가해학생 부모와 상담할 때 접근 방식을 조금 달리해야 한다.

특히 가해학생 부모의 경우 적극적으로 협조하는 부모도 있지만, 문제를 부인하고 축소하려는 부모도 있으므로 주의한다. 폭력의 정도가 심하지 않다면 아래와 같은 방식으로 문제 해결이 가능하지만 심하다면 교사 혼자 해결하려고 해서는 안 된다. 학교폭력 전담기구에 신고하고 학교의 처리 과정을 따라야 한다.

◆ 피해학생 부모와 상담하기

1. [공감] 피해학생과 부모의 아픔에 대해 공감한다.

2. [목표1] 피해학생의 치유와 회복이 우선이며, 다시는 그런 경험을 하지 않도록 보호하는 것이 첫 번째 목표임을 이야기한다.

3. [목표2] 가해학생이 존중과 책임을 배워, 진심으로 사과하고 행동에 책임지며 성장하도록 돕는 것이 두 번째 목표임을 이야기한다.

4. [방식] 이 과정에서 모두가 성장할 수 있도록 존중과 책임의 방식으로 문제를 해결하겠다고 이야기한다.

5. 이후 상담 과정은 방법15, 16의 과정을 활용한다.

◆ 가해학생 부모와 상담하기

1. [공감] 가해학생 부모의 감정에 대한 공감한다.
   (부모의 당혹감, 잘못을 할 수는 있으나 문제해결력을 키워주어야 할 책임)

2. [목표1] 피해학생의 치유와 회복, 다시는 그런 경험하지 않도록 보호하는 것이 첫 번째 목표임을 이야기한다.

3. [목표2] 가해학생이 진심으로 사과하고 행동에 책임을 지는 자세로 임해 자기 조절력과 문제 해결력을 키우도록 돕는 것이 두 번째 목표임을 이야기한다.

4. [방식] 이 과정에서 모두가 성장할 수 있도록 존중과 책임의 방식으로 문제를 해결하겠다고 이야기한다.

5. 이후 상담 과정은 방법15, 16의 과정을 활용한다.

03
학교문제해결절차

　학생이 스스로 문제를 해결하려 하고, 교사들이 안정적으로 학급을 운영하면서 문제를 잘 다룬다면 훨씬 더 평화로운 학교가 될 것이다. 하지만 어떤 문제들은 교사의 역량으로 다룰 수 있는 범위를 넘어서기도 한다. 그럴 때 필요한 것이 〈학교문제해결절차〉이다. 경력이 많고 상담이나 문제 해결 역량을 갖춘 교사들이 모여서 함께 문제를 해결하는 과정이다. 학생선도위원회 또는 학교폭력 전담기구에서 이를 담당할 수도 있다. 학급의 범위를 넘어선 문제에 대해서는 학교 차원에서 적극적으로 함께 해결하기 위해 노력해야 한다.

7단계 : 학교문제 전담기구(가칭)

　지금까지는 〈학교폭력 전담기구〉였지만 앞으로는 〈학교문제

■ 학생문제해결절차

1단계 · 감정 조절
① 하 호흡법　　　　② 확장시야
③ 감정자유기법

↓

2단계 · 평화대화법
④ 행 · 감 · 바　　　　⑤ 인 · 사 · 해 · 약

↓

3단계 · 수호천사
⑥ 수호천사

↓

4단계 · 도움 요청
⑦ 도움 요청하기(· 선생님　· 부모님　· 학급회의　· 전담기구　· 117)

↓

5단계 · 학급 회의
⑧학급 평화회의

■ 교사문제해결절차

1단계 · 문제 확인
↓

2단계 · 교사 감정 문제
① 감정 조절　　　　② 평화대화법
↓

3단계 · 학생 규칙 문제
③ 집중기술　　　　④ 알아차리게 하기
⑤ 카운팅-타임아웃　　⑥ 변화계획 상담
↓

4단계 · 학생 감정 문제
⑦ 공감적 경청　　　　⑧ 문제해결센터
⑨ 간단한 싸움 해결법　⑩ 단계적 싸움 해결
⑪ 역할 바꾸기 상담　　⑫ 문제 해결 집단 상담

5단계 · 학급-학년 문제
⑬ 학급 평화회의　　　⑭ 학년 평화회의

6단계 · 학부모 상담
⑮ 일반 문제 상담　　　⑯ 폭력 문제 상담

고의적이지 않고 지속적이지 않고 심각하지 않아서 생활교육으로 해결할 문제

■ 학교문제해결절차

7단계 · 학교문제 전담기구
① 문제 접수
② 종류 확인　　고의성
③ 정도 확인 ─ 지속성
④ 담당 결정　　심각성

↓

8단계 · 선도위원회
폭력이 아닌 경우

9단계 · 학교폭력대책 자치위원회
고의성, 지속성, 심각성이 있어 학교 차원에서 다뤄야 할 문제

10단계 · 교육청 학교폭력 전문위원회
고의성, 지속성, 심각성이 매우 커서 교육청 차원에서 보다 전문적으로 다뤄야 할 문제

학교문제해결절차를 존중하지 않을 시, 예를 들어 관련 학생 학부모가 문제 해결 과정에 대한 불신이나 문제 제기로 교육활동에 지장을 준다면 교육청 학폭위에서 다루도록 한다.

전담기구(가칭)〉로 역할과 권한을 확대 개편할 것을 주장한다. 아직은 이렇게 할 법적, 행정적 근거가 없다. 하지만 〈학교폭력 전담기구〉에 접수된 많은 문제들이 〈학교폭력대책자치위원회(학폭위)〉에서 다뤄져 부작용이 점점 크게 드러나고 있어 교육부에서도 학교장 자체 종결 방안을 추진 중이다. 그런데 이 방식이 가능하려면 학급 차원의 해결 사안인지, 학교장 자체 종결할 사안인지, 학폭위에서 처리할 사안인지, 교육청의 〈학교폭력대책전문위원회(가칭)〉에서 다룰 사안인지를 결정할 기구가 필요하다. 이를 위해 〈학교문제 전담기구〉를 구성해 학내 기구의 역할과 권한을 확대하자고 주장하는 것이다.

〈학교문제 전담기구〉에서는 다음 표와 같이 문제를 처리한다.

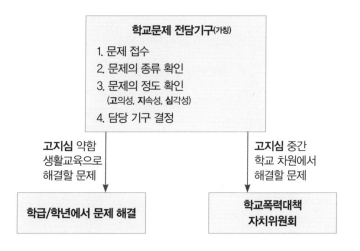

1. 문제 접수

2. 문제의 종류 확인 : 접수된 문제가 이미 1~6단계를 거쳤으나 해결하지 못한 문제라면 바로 8단계 학생선도위원회, 9단계 학교폭력대책자치위원회, 10단계 교육청 학교폭력대책전문위원회(가칭)에서 처리하도록 한다. 만약 1~6단계를 거치지 않고 바로 접수된 사안이라면 학교폭력 문제인지 폭력 이외의 비행 문제인지를 확인한다. 폭력 이외의 비행 문제는 학생선도위원회에서 다뤄지도록 하고, 학교폭력의 문제는 그 정도에 따라 해결 기구를 결정한다.

3. 문제의 정도 확인하기 : 5가지 기본 판단 요소의 정도에 따라 점수를 부과하여 1~9호 조치를 하고 있다. 기본 판단 요소의 정도에 따라 위원들의 협의를 거쳐 세부 요소별로 위원들이 협의하여 과반수 이상의 찬성으로 점수를 합산한다. 이어서 기본 판단요소를 결정할 때와 마찬가지로 위원들이 부가적 판단요소를 고려하여 과반수 이상의 찬성으로 1~9호 조치를 결정할 수 있다.

		기본 판단 요소				
		학교폭력의 심각성	학교폭력의 지속성	학교폭력의 고의성	가해 학생의 반성 정도	화해 정도
판정 점수	4점	매우 높음	매우 높음	매우 높음	없음	없음
	3점	높음	높음	높음	낮음	낮음
	2점	보통	보통	보통	보통	보통
	1점	낮음	낮음	낮음	높음	높음
	0점	없음	없음	없음	매우 높음	매우 높음

부가적 판단 요소	
해당 조치로 인한 가해학생의 선도가능성	피해학생이 장애학생인지 여부
해당 점수에 따른 조치에도 불구하고 가해학생의 선도 가능성 및 피해학생의 보호를 고려하여 시행령 제14조 제5항에 따라 학교폭력대책자치위원회 출석위원 과반수의 찬성으로 가해학생에 대한 조치를 가중 또는 경감할 수 있음	피해학생이 장애학생인 경우 가해학생에 대한 조치를 가중할 수 있음

학교폭력 가해학생 조치별 적용 세부 기준 고시 [시행 2016. 9. 1.]
[교육부 고시 제2016-99호, 2016. 8. 31. 제정]

위 표로는 높음–보통–낮음을 판단하기 어렵다. 따라서 좀 더 보완하여 〈학교문제 전담기구〉에서는 문제를 접수하고 문제의 정도를 확인하는데 다음과 같은 기준을 활용할 것을 제안한다.

		0	1	2	3	4
고의성	사전 계획	없음	1회	2회	3회	4회
	집단성	1명	2명	3명	4명	5명 이상
지속성	횟수	1회	2회	3회	4회	5회
심각성	신체 피해	없음	전치 1주	전치 2주	전치 3주	전치 4주
	재산 피해	없음	적음	많음	매우	심각
	후유증	없음	적음	많음	매우	심각
	보복	없음	보복협박	1회	2회	3회

1. 고의성 : 사전 계획이 있었는지 우발적으로 이루어진 일인지, 일대일로 이루어진 일인지 집단으로 이루어진 일인지 확인한다.

2. 지속성 : 처음 일어난 일인지 이전에도 있었던 일인지 확인한다.
3. 심각성 : 신체 피해, 재산 피해, 후유증, 보복 등의 영역에서 얼마나 심각한지 확인한다. 고의적이지도 지속적이지도 않았지만 신체 피해가 심각하고 재산 피해가 크며, 후유증이 많이 남는다면 가해학생이 져야 할 책임 또한 크다. 만약 이전에 이런 문제로 피해학생이 선생님과 학교에 도움을 청했는데 가해학생이 보복하겠다고 협박을 하거나 실제로 보복을 했다면 가해학생에게 더 큰 책임을 물어야 한다.

예를 들어보자. 학교폭력이라고 신고를 받았는데 사건을 조사해보니 사전 계획이 없었고 일대일이었으며 처음 일어난 일이었다. 신체 피해도 거의 없고 후유증도 없으며 신고하면 보복하겠다는 협박도 없었다. 이런 정도의 문제는 5~6단계에서 담임교사가 해결하도록 하면 된다. 이보다 좀 더 심한 문제라면 동학년이나 학부모가 참여해서 해결하도록 한다.

3회 이상 사전 계획을 하였고 5명 이상의 학생이 가담, 5회 이상 이런 일이 있었으며 피해학생이 전치 4주 이상의 피해를 입었고 금품 갈취와 같은 재산 피해도 있다. 신체적으로나 정신적으로 심각한 후유증이 예상된다. 신고하면 보복하겠다는 협박을 받았고 실제로 보복을 당하기도 했다.

이 정도의 사안이라면 학교가 아니라 10단계 〈교육청 학교폭력대책전문위원회(가칭)〉나 소년 법원에서 다뤄야 할 문제라 할 수 있다. 이런 문제들 사이에 있는 문제는 9단계 〈학교폭력대책자치위원회〉에서 다루도록 한다.

8단계 : 학생선도위원회

학교폭력은 아니지만 다른 생활적인 문제가 심각할 때는 학생선도위원회에서 문제를 해결한다. 학생선도위원회는 구성상 교감을 위원장으로, 위원으로 학생 생활부장과 학년부장(필요시 전문위원 1인 포함)으로 구성된다. 학생선도위원회는 구성이 학폭위의 구성보다 간단하고 개최도 편리하다. 원칙적으로 학교폭력 이외에 타인에게 피해를 주는 문제 행동들을 다루지만, 학교 현장에서 학교폭력을 저지를 가능성이 높은 학생을 학생선도위에서 지도하는 것이 예방적 효과도 있을 뿐 아니라, 학부모의 반발이나 징계 처분에 대한 불복의 가능성도 낮기 때문에 학교 차원의 효과적인 교육 장치라 할 수 있다.

다만, 안타까운 것은 초등의 경우 학생선도위원회를 잘 모르고 활용하지 않는 경우가 많고, 중등의 경우 체계적인 해결과정을 거치지 않고 징벌적 차원에서 학폭위를 바로 적용하는 경우가 있기 때문에 선도위를 통한 교육적 조치와 동료 교사 간의 충분한 협의 과정이 필요하다.

심한 학교폭력으로 갈 것을 막을 수 있는 장치가 학생선도위원회인 만큼, 학생선도위원회의 효과적인 활용에 대한 사례 공유가 절실하다.

선도란 바른 길로 이끄는 것을 말한다. 선도 규정은 바른길로 이끄는 데 도움을 주는 규정이다. 심리학적으로는 학생이 행동을 하는 데에는 목적이 있고 그 목적으로 인해 행동을 한다고 보는 개인심리학의 견해와 과거의 특별한 경험이 현재의 결정에 영향을 미친다는 프로이트의 원인론적 관점도 있지만, 여기에서는 단순히 현재의 행동을 멈추게 하고 바른 행동으로 이끄는 (Stop and Lead)것에 대한 방법만을 다루겠다. 그 첫 번째는 학생의 잘못된 행동에 대한 부분이고 두 번째는 잘못된 행동에 대해 어떤 교육적 처분을 내릴지에 대한 부분이다.

학생의 행동 중 선도되어야 하는 행동은 주로 세 가지로 나눌 수 있다.

수업 중 소란을 피워 방해를 하거나 불편을 주는 〈피해 행동〉, 타인에게 방해가 되지는 않지만 학생으로서 책임을 다하지 않는, 예를 들어 수업 시간에 늦거나, 자거나, 복장에 관한 규칙을 지키지 않거나 과제를 하지 않는 등의 〈중성 행동〉, 마지막으로 음주, 담배, 도박, 약물남용, 게임문제 등 〈중독 행동〉으로 나눌 수 있다.

학생선도위원회 일부 규정 예시

제15조(징계의 종류)

❶ 초 · 중등교육법 제18조제1항 본문의 규정에 의하여 학교의 장은 교육상 필요하다고 인정할 때에는 학생에 대하여 다음 각 호의 어느 하나에 해당하는 징계를 할 수 있다.

1. 학교 내의 봉사
2. 사회봉사
3. 특별교육 이수
4. 1회 10일 이내, 연간 30일 이내의 출석정지

❷ 학교의 장은 제1항의 규정에 의한 징계를 할 때에는 학생의 인격이 존중되는 교육적인 방법으로 하여야 하며, 그 사유의 경중에 따라 징계의 종류를 단계별로 적용하여 학생에게 개전의 기회를 주어야 한다.

❸ 학교의 장은 제1항에 따른 징계를 할 때에는 학생의 보호자와 학생의 지도에 관하여 상담을 할 수 있다.

제16조(징계의 방법) 학생 선도는 다음 각 항에 준하여 실시한다.

❶ 학교 내의 봉사

1. 하루 3시간 이내로 하며, 5일 이내의 기간으로 한다.
2. 대상 학생의 수업결손이 발생하지 않는 범위 내에서 실시한다.
3. 봉사활동은 아이가 봉사활동을 하며 관련 행동을 되돌아볼 수 있는 것과 관련이 있을 때 더욱 효과적이다.

❷ 사회봉사

1. 하루 4시간 이내로 하며, 5일 이내의 기간으로 한다.
2. 해당 기관의 봉사활동 이수 확인서를 제출한 경우에 는 출석으로 인정한다.
3. 사회봉사 기관은 다음과 같다.
    가. 봉사활동 등 사회복지를 목표로 하는 기관
    나. 상담전문가, 청소년지도사 등을 두고 있거나 전 문상담교육을 하고 있는 기관
4. 선도위원회 결정에 따라 학교 내에서 사회봉사를 할 수 있다.
※ 사례에 의하면, 자신이 잘하는 것이 하나도 없다고 생각하던 학생이 실제로 어려운 사회의 이웃을 봉사 활동을 통해 도우면서 스스로 능력이 있고 유능하다 는 것을 느끼는 경우들이 있음.

❸ 특별교육 이수

1. 총 30시간 이내로, 5일 이내의 기간으로 한다.
2. 특별교육 기관은 다음과 같다.
    가. 교육감이 지정한 기관
    나. 교육감이 위탁교육을 계약한 기관(금연, 약물, 마약, 환각제, 알코올, 중독치료) 교육과정 이수
3. 행동 · 심리상 장애가 있는 학생의 경우 학부모와 협 의하여 상담치료 교육, 심리치료 교육 전문기관 또는 의료기관의 치료 이수

4. 상담 자원봉사자, 한국청소년상담원, 학교 상담실 등과 연계하여 일대일로 상담치료 교육을 받게 하는 개별교육 이수
5. 특별교육 이수는 반드시 이수증을 제출하여야 하며, 이수증이 없으면 무단결석으로 처리한다.
6. 부모가 특별교육을 받아야 하는 행동들에 대해서는 의무적으로 부모가 특별교육이나 상담을 받아야 한다.

제17조(징계의 기준) 학생 징계 기준은 다음과 같다.

대분류	내용	교육적 처분			
		성찰문 작성	봉사 활동	특별교육 학생	부모
피해 행동	수업 중에 지속적으로 수업방해를 하는 학생	○			
	교사에게 불손한 행위나 언행을 한 학생	○			
	부당한 내용이나 방법으로 남에게 피해(정신적, 육체적)를 준 학생	○		○	○
	학교의 공공기물, 교내 차량을 고의로 훼손, 파손한 학생	○ (변상)			
	시험문제를 절취한 학생 또는 대리시험에 관여한 학생	○	○		
	고사 중 부정행위를 했거나 방조한 사실이 명백한 학생	○	○		
	교내·외에서 남의 물건을 훔치는 행위를 한 학생	○ (변상)			
	흉기를 휴대한 학생	○		○	○

중독 행동	사이버 공간에서 정보통신윤리법에 저촉되는 행동을 한 학생	○		○	○
	도박을 한 학생	○	○	○	○
	학교에서 미디어 사용에 관한 규칙을 반복적으로 어기는 학생	○		○	
	청소년 유해약물을 상습적으로 복용, 흡입한 학생	○		○	○
	흡연 또는 음주를 상습적으로 한 학생	○		○	
	※ 중독 문제에 대해서는 전문기관과의 협조가 필요함.				
중성 행동	교사의 정당한 지도에 상습적으로 불응한 학생	○		○	○
	합당한 이유 없이 수업이나 시험을 거부한 학생	개별상담			
	불건전 이성교제로 교내외 물의를 일으킨 학생(성폭력, 성추행동의 문제는 현행법률을 따름)	개별상담			
	무단가출 후 물의를 야기한 학생	개별상담 후 부모상담			
	무단지각, 무단조퇴, 무단결과, 무단결석을 상습적으로 하는 학생	개별상담 후 부모상담			

따라서 선도의 행동별 기준은 다음의 세 가지 영역으로 나누어서 정해져야 한다.

다음으로 앞에서 언급한 세 가지 행동에 대해 어떤 교육적 처분을 내릴지에 대한 부분인데, 징계가 아니고 원칙을 가지고 처분을 해야 하는 경우라면 다음의 다섯 가지 원칙을 제시한다.

1. 행동을 바꾸는데 효과적인가

2. 그 방법이 교육적인가

3. 조치는 학생이 실천할 수 있는 것인가?

4. 학생에게 도움이 되는가?

5. 학생에게 미리 교육적 처분에 대한 안내를 했는가?

앞의 표는 대부분의 학교에서 일반적으로 사용되고 있는 선도위원회 규정 중 일부를 위의 기준에 따라 변경한 것이다.

9단계 : 학교폭력대책자치위원회(학폭위)

고의성, 지속성, 심각성이 큰 문제라면 반드시 학폭위에서 다뤄야 한다. 현재 법에서는 신고된 모든 사안을 학폭위에서 다루도록 되어 있다. 학폭위가 열리기 이전에 문제의 정도에 따라 학급에서 해결할 기회를 주거나 심한 경우 해당 기구에 넘기도록 적절하게 조정하는 방식으로 바뀌어야 한다.

교육청 문제 해결 절차

10단계 : 교육청 학교폭력대책전문위원회

학교에서 학폭위를 구성하는 것 자체가 매우 어려운 일이며, 위원회를 열어서 처리하는 과정도 지난한데, 위원들의 전문성에 대한 시비도 끊이지 않고 있다. 많은 부모들이 자녀의 인생에 중대한 결정을 내리는 위원들의 전문성에 의구심을 갖고 있다. 사실 학교에서 다루기 어려운 심각한 사안은 교육청에서 직접 해결해야 한다. 학교폭력을 전문으로 담당하는 장학사, 변호사, 경찰, 상담사, 사회복지사 등으로 팀을 구성해서 보다 전문적인 판단과 도움을 주어야 한다.

교육청에서 학교폭력을 담당하는 장학사가 매년 바뀐다면 어떻게 전문성이 쌓이겠는가? 교육부 차원에서 개발된 기본 매뉴얼을 바탕으로 교육청 내의 학교폭력 전문가 집단과 함께 수년간

158 Save the school : 학교폭력으로부터 학교를 구하라

학교폭력 업무를 담당하면서 실제 경험이 쌓여야 전문가라 할 수 있을 것이다. 그래야 학교폭력에 적절한 대처를 할 수 있고, 학교폭력 처리 과정에서 생기는 다른 피해를 막을 수 있다. 특히 학교에서 다루기 어려운 문제는 교육청에서 직접 담당해야 한다. 하지만 현실은 어떤가? 학교폭력을 없애기 위한 다양한 시책들이 쏟아져 나오고 수년간 적용되고 있지만 대책도 처리도 미비하다는 지적이 많다. 대표적으로 시군구 지역 교육청마다 학교폭력 담당 장학사가 있는데, 이 장학사들의 업무는 학교폭력에 그치지 않는다. 학교폭력 이외에도 여러 가지 업무를 맡는다. 아래는 학교폭력 업무를 맡고 있는 중등 장학사의 업무 예다.

- 학교생활 인권 업무 총괄
- 아동학대 예방사업 운영(주)
- 학교폭력(성폭력) 예방 대책 수립 및 시행
- 학교폭력 실태조사
- 학교폭력 예방 교육, 연수, 컨설팅
- 학교폭력 가 · 피해 학생 상담 및 치료기관 지정
- 피해학생 보호 및 치유 지원
- 가해학생 조치 및 재활 교육
- Wee센터 운영 지원
- 자살 예방사업 운영(주)

- 학생 생활 및 인권 교육

- 민주시민교육 지원(회복적 생활교육)

- 협의회 · 지원단 운영(학교폭력현장지원단, 학교생활인권규정컨설팅단, 회복적생활교육지원단, 학교폭력예방법률지원단 등)

- 교권 보호 및 교권 침해 예방 지원(주)

- 기숙사 학생 생활 운영 및 현황 관리

- 청소년단체 지도(경기도학생자치회(협))

- 중등 관리자 민주적 리더십 컨설팅

- 국민신문고 민원처리

- 담당학교 장학지도(13교)

　

2012년 이후 전문 상담사의 학교 현장 배치를 늘리겠다고 했으나 여전히 부족하다. 그조차도 중학교의 경우는 거점학교로 주 3일, 초등학교는 순회학교로 상담사가 2일 정도만 근무한다. 전문 상담사의 상담에 대한 열의나 능력에도 편차가 큰 편이다. 정식으로 임용되기보다 계약직으로 채용된 뒤 1년이 지나야 무기계약직으로 채용된다. 정식 공무원으로 채용된 교사보다 근무 여건이나 대우가 낮으니 양질의 상담을 보장받기 어렵다.

학교폭력 대책 마련의 일환으로 2012년에 배치된 학교전담경찰관(이하 SPO)은 5년에 걸쳐 활동한 결과 학교폭력 가해학생 수를 절반이나 줄여서 학교폭력 예방 효과를 높였다고 평가받고 있다. 그러나 2016년 기준 전국에서 활동하는 SPO는 1,075명에 불과하다. 전국의 학교가 1만1,590여개, 학생 수는 610만명임을 감안할 때 경찰관 한 명이 10~13개 학교에서 5,000명이 넘는 학생을 담당하는 셈이다. 이러한 인력으로 학교 현장의 폭력 문제를 해결하는 것이 쉽지 않다.

사실 이런 문제해결절차에도 불구하고 일반 학교에 계속 다니기 매우 어려운 학생들이 있다. 학교에 심각한 염증을 느끼는 경우, 교내 흡연으로 5회 이상 적발된 후에도 흡연을 지속하는 경우, 계속적으로 수업을 방해하거나 위협을 가할 가능성이 있는 정신 질환을 앓는 경우 등도 있다. 이런 학생들을 위한 대안교실이나 대안학교를 더욱 확대하고 지원할 필요가 있다. 이런 학생들이 사회 부적응자로 범죄에 빠질 경우 훨씬 많은 사회적 비용이 발생할 수 있기 때문이다. 특정 분야에 상당한 잠재력을 가졌을 수도 있는 이런 아이들에게 더 많은 지원이 필요하다. 현재 의무교육 대상자는 퇴학조치가 불가능하다. 학생에 대한 폭력 사안이 아니라면 날로 증가하는 교사 폭행 또는 성폭력 등 심각한 교권 침해가 있어도 강제전학이 불가능하다. 소년범으로 신고하여 재판을 받게 할 수는 있겠지만 현재 교사들의 정서상 학생을 신고할 수는 없다며 포기하는 경우가 많다. 고등학생을 퇴학시키는 것 또한 상당한 부담이 따른다. 현행법상 대안학교로의 전학 내지 위탁은 학교에서 권유할 수 있을 뿐 보호자가 거부하면 위원회를 통한 강제 조치는 어렵다. 따라서 일반 학교에서 다른 학생들에게 지속적인 피해를 주는 학생들이 심각한 범죄를 저질러 소년원으로 가기 전에 따로 교육할 수 있는 교육기관이 교육청 단위 이상으로 확대되어야 한다.

PART

V

학교폭력, 다시 시작해야 할 논의

01
학교폭력은
원인인가, 결과인가

"왜 가해 학생 편을 드느냐."
"피해 학생이 당한 그대로 당해 봐야 한다."
"당신 자식이 피해자라도 가해자 두둔할 거냐."

지금의 학교폭력 대책은 위와 같은 비난과 추궁에 밀려 깊이 생각할 겨를도 없이 허겁지겁 만들어진 결과임이 분명하다. 가해학생 처벌이 최우선이고 나머지는 모두 뒷전인 대책 아닌 대책이다. 당시의 분위기에 편승한 임기응변으로 시작된 법적인 절차는 이후 개선되기는커녕 점점 더 교육 현장을 어렵게만 하고 있다. 현장을 제대로 살피지 못한 채 몇몇 전문가들과 관료들이 모여서 성급하게 결정한 대책 때문에 또 다른 대책을 만들어야 하는 상황이다.

교육 현장을 엉망으로 만든 이러한 대책을 만든 사람들은 팔짱을 끼고 다들 한가하게 말로만 훈수를 두고 있는 상황에서 지금 우리의 학교가 폭력을 당하고 있다. 학생이 폭력을 행사하는 것과 그 사안을 처리하는 과정에서 학교가 폭력을 당하는 것, 어느 쪽이 더 심각한 문제일까. 한마디로 '학교폭력'이라는 폭탄이 학교에 떨어진 셈이다. 학교가 관련 규정에 따라 적법하게 학교폭력 문제를 처리하면 할수록 학교의 상황은 더 악화될 뿐이다.

처벌 위주의 학교폭력 대책을 반성하는 목소리가 점차 커지고 있어 그나마 다행이지만 '처벌'에서 '화해'로 관점을 전환하자는 말이 여전히 공허하게만 들리는 이유는 뭘까. 사건은 또 터질 테고 그럴 때마다 언론이 가세해 일벌백계를 외치면 화해 분위기는 이내 사그라들지 않겠는가. 장기적인 관점에서 근본적인 해결책을 마련하기보다는 당장 처벌해야 한다는 주장에 압도당하기 쉽다. 가해 학생이 왜 그런 행동을 하게 되었는지 인간적으로 이해하기 위한 모든 노력은 처벌을 회피한다는 반발에 휩싸여 제대로 이루어지기 어렵다. 폭력 사안의 후유증 때문에 학교 분위기가 초토화되는 것을 막기 위한 힘겨운 노력은 책임 회피라는 사회적 비난에 포위되어 무산된다.

이제 학교폭력을 바라보는 좁은 시야, 단순하고 조급한 짧은 생각에서 벗어나 깊고 진지하게 접근할 때가 되었다. 이미 학교폭력의 근본 원인에 대한 진지한 논의는 주변에 차고 넘친다.

학교 교육의 목표는 전인교육이지만 현실은 1등부터 꼴찌까지를 한 줄로 세우는 교육, 적성과 능력에 상관없이 국·영·수 점수로 사람의 가치까지 서열화 매기는 나라. 가정도 사회도 청소년들이 정서적으로 안정된 환경을 만들어 주지 못하고 돈벌이의 대상으로 생각하는 나라. 일등만이, 승자만이 살아남는 경쟁지상주의. 이런 나라에서 희망을 잃은 아이들이 연간 수천 명씩 학교를 떠나는 나라.

폭력은 배우기 때문에 행사한다. 학교폭력의 근본 대책은 어른들의 반성이 먼저다. 내 아이, 내 제자만 일류 상급학교에 진학시키는 것이 목적이 된 교육을 두고 어떻게 학교폭력을 근절하겠다는 것인가? 부모가, 교육자가, 자본이 먼저 반성해야한다. 진짜 폭력은 어른들이, 자본주의 문화가 만들고 있지 않은가? 점수로 사람가치를 평가하고 돈벌이를 위해 아이들을 대상화하는 폭력 문화를 그대로 두고 학교폭력을 근절하겠다는 것은 기만이요, 거짓이다. 아이들에게 폭력을 멈추지 않는 어른들이 큰소리치는 한 학교폭력은 영원히 근절할 수 없을 것이다.

(『김용택의 참교육 이야기』, 김용택, 생각비행, 2015)

이런 나라, 이런 상황에서 학교폭력이 일어나지 않으면 오히려 이상한 일 아니냐는 지적이다. 하지만 우리 사회 현실에서 이런 주장은 아직은 설득력을 얻기 어렵다. 우선 설명이 복잡하다. 하지만 가해학생 개인의 잘못이라고 단정하면 단순명쾌하다. 대책 마련도 원인 진단처럼 대중요법으로 딱 떨어지게 나온다. '엄격하게 처벌하면 그만'이라고 하면 누가 보더라도 쉽다. 하지만 신자유주의에 따른 경쟁의 심화, 소비문화와 물질주의의 폐해 등등 학교폭력과 직접 연결되지 않는 배경에 대한 설명들은 애매하게만 다가온다.

과연 지금의 우리 사회가 그렇게 애매하고 복잡한 이야기를 참고 들어줄 수 있을까. 개인이 아무리 잘못을 저질렀어도 그 사람에게 책임을 묻기 전에 먼저 그런 개인이 나온 사회가 반성한다는 북유럽, 철저하게 개인에게 책임을 묻는 미국. 우리는 어느 쪽일까. 국가와 사회는 별다른 잘못이 없고 늘 백성에게 문제가 있었다는 인식을 심어줌으로써 권력을 유지해온 우리의 역사를 미루어 볼 때 가해자 처벌 위주의 단순명쾌한 대책이 대중적인 지지를 받을 가능성이 훨씬 높다. 따라서 처벌 위주의 대책에 여전히 매달리고 있는 이들에게 원인 치료에는 무관심하다는 비판은 별 쓸모가 없게 된다. 역사적인 맥락까지 살펴 종합적으로 원인진단을 하고 대책 역시 깊이 있고 종합적이어야 한다는 말을 들으면 또 복잡한 얘기, 애매한 얘기를 늘어놓는다고 반응할 것이 뻔하기 때문이다.

끝없는 평행선을 달리기 마련인 현격한 인식의 차이를 좁힐

수 있는 유일한 방법은 서로 눈으로 확인할 수 있는 경험의 공유
다. 이 책에서 제안하는 〈문제예방해결시스템〉이 제대로 작동
하는, 달라진 학교의 모습을 새롭게 경험해보아야 한다. 학교가
더 이상 사법기관, 행정기관이 되어서는 안 되겠다는 인식이 우
리 사회에 자연스럽게 스며들 수 있도록 노력해야 한다. 처벌 위
주 대책이 아니면 온정주의이고 책임 회피라고 생각하는 사람들
에게 직접 보여주어야 한다. 화해 위주의, 사법적이지 않고 행
정적이지 않은 교육적인 대책이 답이라는 사실을 교사들이 몸소
증명하는 수밖에 없다.

　바로 이 책의 목적인 학교의 교육력 회복, 구체적으로는 교실
차원에서 이루어지는 종합적이고 깊이 있는 문제 해결 과정을
열심히 실천하는 길밖에는 없다. 그렇게 해서 학교라는 공간을
진정한 교육의 장으로 되살려 학교폭력이 아무리 회오리바람을
일으켜도 우리의 능력으로 이내 잠재울 수 있는 평화로운 공간
으로 만들어야 한다. 학교의 교육적이고 인간적인 분위기를 학
교 주변에서, 가정에서 느낄 수 있도록 학부모와의 소통을 위해
노력해야 한다. 문제 예방과 해결 능력을 발휘하는 학교의 모습
을 보면서 학교 주변의 많은 사람들에게 기존의 학교폭력 대책
이 잘못되었다는 생각을 갖게 해야 한다.

　학교는 폭력이 벌어질 수 있는 장소이긴 해도 폭력을 유발하
는 공간은 아니다. 적절한 비유일지 모르겠지만 종로에서 **뺨** 맞

고 한강에 가서 눈 흘기는 식이 되어서는 안 된다. 지금 우리 사회가 이런저런 책임을 떠넘기기에 학교는 가장 만만한 곳이라는 생각이 든다. 학교는 지금 본래의 역할, 바로 교육기관으로서의 역할을 제대로 하기에도 버거운 처지다. '눈에 뵈는 게 없는' 흥분한 상태에서 만들어진 관련 법률에 따라 사법 기능, 행정 기능을 떠넘겨 받은 일선 학교를 보호하기 위해 우리는 학교 단위의 〈문제예방해결시스템〉을 치밀하게 구축하고 이의 원활한 작동을 위해 최선을 다해야 한다.

그렇게 학교가 폭력으로부터 공격당하는 일이 없도록 최소한 안전장치를 만들어놓고 나서 근본적인 대책 마련에 나서야 한다. 바로 학교폭력에 대한 우리 사회의 감수성과 대처능력을 기를 수 있는 보다 근본적인 논의를 시작하는 것이다. 지금의 위기를 학생들과 함께 미래 핵심 역량을 기를 수 있는 기회로 삼아야 한다. OECD는 지난 2015년부터 추진한 〈OECD 교육 2030 프로젝트〉 시안에서 미래 핵심 역량으로 ▲새로운 가치 창조하기 ▲긴장과 딜레마 해소하기 ▲책임감 가지기를 꼽았다. 그중 〈긴장과 딜레마 해소〉에 주목해 보자. 상호 의존적인 동시에 갈등이 존재하는 이 세계에서 개인과 가족, 지역사회가 평화롭게 공존하려면 자신의 목적과 인식을 남들과 조화시키는 능력은 얼마나 중요한가.

"삶이 갈등을 만들고 갈등이 삶을 만듭니다."

(『갈등전환』, 존 폴 레더락, KAP, 2014)

학교폭력은 원인인가, 결과인가? 우리 사회가 가해학생 처벌에만 매달린다면 폭력 행위는 결과이고 원인은 가해학생의 잘못에 있다는 단정적 전제에서 벗어날 수 없을 것이다. 하지만 가해학생의 잘못된 행동을 결과로 보고, 근본적인 원인을 찾기 시작하면 우리 눈에 많은 것이 보이기 시작할 것이다. 학교폭력이 우리 사회의 척결 대상인지 아니면 우리 사회의 문제를 드러내는 연구 대상인지, 어떤 관점으로 보느냐에 따라 전혀 다른 생각을 하게 된다. 가해학생을 도려내야 할 암적인 존재로 볼 수도 있고, 반대로 우리 사회의 문제를 가슴 아프게 표현하고 있는 또 다른 희생자로 볼 수도 있다. 학교폭력이 발생한 상황은 비정상적인 경우이므로 처벌로 통제해야 한다는 사법적 해결의 관점과 학교폭력은 있을 수 있는 현상으로 오히려 건설적인 변화 발전의 과정으로 전환시켜야 한다는 성장의 관점은 우리가 나아갈 미래의 서로 다른 방향을 가리키고 있다.

갈등은 삶에서 나온다. 갈등은 우리를 위협하는 존재가 아니라, 우리 자신, 이웃, 그리고 사회 구조를 더욱 온전히 이해하도록 돕고 우리에게 성장의 기회를 제공한다. 어떤 차원의 갈등이

든, 관계 속의 갈등은 우리를 '멈추고', '살펴보고', '조심하도록'
돕는다. 그래서 갈등은 '선물'이다. 갈등을 선물로 인식할 때야
말로 우리의 사람됨을 제대로 인식할 수 있다. 단조롭고 밋밋한
풍경사진처럼, 갈등이 없는 삶에서 우리의 관계는 불행할 정도
로 피상적일 것이다. 갈등은 생명력을 창조해내기도 한다. 우리
는 갈등을 통해 반응하고, 혁신하고, 변화한다. 갈등은 인간관
계와 사회 구조의 필요와, 열망에 역동적이고 정직하게 반응하
도록 하는 변화의 동력이기도 하다.

(『갈등전환』, 존 폴 레더락, KAP, 2014)

학교폭력이 발생한 학교의 밖과 안을 찬찬히 살펴보자. "학교
에서 어떻게 그런 일이…. 학생 신분에 정말 그랬단 말이야!" 이
런 식의 흥분을 가라앉히고 사태를 제대로 파악하기 위해 혹시
놓친 것은 없을까 조심하며 살펴야 한다. "학교가 개판이니까
그런 일이 생기지." "학교 선생이라는 작자들은 그 지경이 될 때
까지 도대체 뭘 한 거야!" "아니 일이 터졌으면 무릎 꿇고 반성
해도 모자란 판에 책임을 회피하려고 들어?" 학교폭력이 발생한
학교를 비난하는 얘기가 여기저기서 들린다.

이런 말에 하나하나 응수해주고 싶은 마음이 들지만 제발 흥
분하지 말고 먼저 학교를 찬찬히 살펴보라고 말해주고 싶다. 그
리고 동의를 구하고 싶다. 학교 때문에 학교폭력이 발생한 것이

아니고 학교폭력 때문에 학교가 엉망이 되고 있다는 현실 말이다. 교사들은 정신을 못 차리고 혼란에 빠져 있다. 마치 모든 책임이 학교에 있는 것처럼 말하는 것은 옳지 않다는 말에 우리 사회가 고개를 끄덕여 주었으면 좋겠다. 학교가 책임을 회피하려는 것이 아니다. 외부에서, 내부에서 이루어지는 책임 전가로 신음하고 있는 것이다.

02
폭탄 돌리기, 언제까지
반복할 것인가

학교는 교육하는 곳인가? 학교 교육의 실제 목적은 무엇인가? 현재 학교는 학생들의 전인적 성장보다는 행정 처리를 원활히 하는 것이 더 우선시된다. 공무원 집단은 무엇을 '잘'하는 것보다는 '잘못'하지 않는 것이 더 중요하다. '잘'하는 것에는 별다른 보상이 주어지지 않지만, '잘못'하는 것에는 큰 벌이 기다리고 있다. 열심히 하다가도 자칫하면 큰 벌을 받을 수 있는 보직보다는, 잘만 버티면 무난하게 승진점수를 딸 수 있는 보직이 선호된다. 따라서 학교폭력 문제에 있어서도, 피해 회복과 재발 방지 등 교육적 성장보다는, 언론 등 외부로 알려지기 전에 잘 덮어서 유야무야 지나가길 바란다. 학생들의 학년이 바뀌면 업무든 담당 학생이든 다른 교사에게 책임이 넘어갈 것이며, 한 학교에서도 5년을 버티고 나면 그곳에서 벗어날 수 있다. 물론 그곳을 벗어나 다른 학교로 가면, 또 '전입자 일 몰아주기'가 기다리고 있다. 그래서 어떻게든 유임이나 초빙으로 기간을 연장하려 하기도 한다. 결국 학교에서는 행정 처리에 급급한 책임교사 중심으로 일 처리를 하게 되어 피해, 가해 학부모 모두에게 실망스런 모습을 보이게 되고 그 결과로 처리 과정이 더 어려워지는 악순환에 빠지게 된다.

매년 교사들은 업무 분장을 한다. 업무 분장을 할 때 가장 기피하는 업무 중 하나가 학교폭력 업무이다. 학교폭력 업무는 관련 학생, 목격 학생, 관련 학생 부모, 담임교사, 학교폭력전담기구, 자치위원회, 학교관리자, 교육지원청과 소통을 하며 문제를 해결해야 한다. 이 과정에서 교사가 행정적으로 실수를 할 경우 이에 대한 책임을 져야 한다. 최근 학교폭력에 대한 학부모의 민원 가운데, '학교의 해결 절차가 매뉴얼을 따르지 않았다'고 지적한 내용을 주목할 필요가 있다.

학교는 당연히 절차를 지켜야 맞는 것이고 따라서 매뉴얼을 숙지하고 매뉴얼에 맞게 절차를 진행해야 한다. 그렇지 못해 행정적 실수를 하게 되면 또다른 분쟁이 생기고 심각할 경우 법률적 갈등으로 번지기도 한다. 이로 인해 학교폭력 업무 기피 현상은 더 커지게 되고, 몇몇 학교에서는 신규교사나 저경력교사, 전입교사에게 이 업무를 몰아주는 경우가 생긴다. 학교는 학교폭력 문제에 더욱 적극적으로 임해 매뉴얼을 존중하는 가운데 교육적으로 문제를 해결할 의무가 있다. 따라서 학교폭력 업무에 대해서 이원화를 제안한다.

첫째, 행정적 업무의 경우 경력이 있고 관련 경험이 풍부한 전문가가 한다. 그는 때로는 교육청과도 의논을 해야 하고, 때로는 피해자에게 필요한 상담센터를 연결해 주기도 하며, 관련 학생들과 부모님들에게 법률적인 부분을 안내하기도 한다. 최대한 감정을 배재하고 매뉴얼에 따라 기한을 지켜 처리하며 문서 작성에도 능통해야 한다. 결국 적임자는 학교장이다. 학교장은 대부분 교무, 교감, 전문직 등을 거치며 여러 경험을 통해 숙련된 행정 경험을 가지고 있다.

현재 학교폭력 예방 및 해결 등에 기여한 교원에 대한 가산점은 뚜렷한 기준 없이 학교당 40%의 교사가 받을 수 있게 되어 있어서, 뭐라도 써 내기만 하면 승진점수가 필요한 교사에게 경력 순으로 주어지거나, 그 안에 들기 위해 분란이 생기고 행정소모가 일어나는 등 실효성이 매우 떨어진다. 점수를 모아 승진하는 현행 제도 자체를 폐기하는 것이 가장 이상적이나 그렇게 할 수 없다면 생활부장이나 학교폭력 책임교사 등 한정된 인원에게만 해당 가산점을 받게 해야 한다. 또한 승진 조건에 생활부장 경력 2~3년 이상을 필수로 지정한다면 생활부장 및 학교폭력 업무 기피현상은 좀 더 줄일 수 있을 것이다.

둘째, 아이들의 문제를 교육적으로 처리하는 업무를 책임교사가 맡는다. 학교폭력에 대한 학생 예방 교육, 학부모 연수, 교사 연수, 학교폭력 설문 조사 및 이후 교육 활동, 캠페인, 학교 실정에 맞는 학교폭력 예방 프로그램 운영 등의 역할을 맡는다. 학교폭력 사안 발생시 책임교사가 먼저 관련 학생들과 함께 교육적 문제 해결을 시도한다. 책임교사는 학생들과 상담한 것을 바탕으로 가해학생의 반성 정도, 관련 학생들의 화해 정도를 행정책임자인 학교장에게 보고하고, 다음 단계로 전개될 시 학교장은 이 문서를 참고하여 업무를 처리한다. 교육적으로 처리하는 업무의 적임자는 상담 능력을 갖춘 교사이고, 상담교사가 배치된 학교라면 책임교사와 상담교사가 협력할 수 있다.

'왜 하필 우리 학교에서 일어났지, 어떻게 해야 시끄럽지 않게 처리할 수 있을까, 지금부터 또 피곤하겠는걸!' 이렇게 학교폭력을 기피할 것이 아니라 전화위복의 기회로 삼을 일이다. 관계된 학생과 교사가 함께 성장하는 기회로, 학교와 사회는 성찰의 기회로 학교폭력을 대해야 한다. 학교에서 먼저 이러한 노력을 기울이는 과정에서 우리 사회도 현 학교폭력 관련 대책의 문제점과 심각성을 인식할 수 있을 것이다. 그리하여 학교폭력 관련 법률 개정을 거쳐 보다 평화로운 학교, 비폭력적인 사회로 나아갈 미래를 함께 꿈꿀 수 있을 것이다.

03

이제 교장이 나서라

학교에 폭력 사안이 발생하면 등장하는 인물들이 있다. 먼저 깊은 고민에 빠진 담임교사다. 사안 조사가 시작되면 교감을 중심으로 상담교사, 보건교사 그리고 책임교사가 각각 필요한 역할을 맡는다. 끝내 학폭위가 열리면 여러 외부 인사들이 등장한다. 학부모 대표, 법조인(판사, 검사, 변호사), 의사 그리고 경찰관까지. 이 회의에 교육적으로 신뢰할 수 있는 외부 전문가가 참여하도록 법에 명시돼 있지만 현실적으로 그런 경우는 극히 드물다. 그런데 이상하게도 여기에 교장이 안 보인다. 교장은 자치위원의 임명과 학폭위 소집에만 관여할 뿐이다.

교장은 학교 내에서 경험과 지식뿐 아니라 권한도 가장 많다. 그런데 현행 학교폭력예방법에는 교장이 학폭위에 직접적으로 관여할 수 없게 되어 있다. 교장의 개입으로 인한 부작용을 막기 위한 장치이다. 하지만 학교폭력 문제에 대해서 가장 많은 지혜를 갖고 있는 사람 또한 교장이다. 교내 학교폭력 사안에 대해서는 교장의 책임과 의무가 커지는 것이 바람직하지 않을까.

안타깝게도 우리 학교 현장에는 비민주적인 요소가 여전히 남아 있다. 교장-교감-교사로 이어지는 상하질서는 여전하고 협력의 문화도 미약한 경우가 많다. 이런 현실에서 법적으로도 애매한 위치의 학교폭력 담당교사 또는 책임교사가 관련 업무를 거의 전담해야 하는 상황이 발생한다.

학교폭력 사안이 발생하여 갑작스러운 혼란과 엄청난 부담을 떠안게 된 상황에서 교사는 자칫 잘못하면 이도저도 어려운 상황에 빠지기 쉽다. 피해 또는 가해 학부모를 만나 교육적으로 해결하는 것도 어렵고 행정적인 처리, 사법적인 처리 어느 것 하나 쉽지 않다. 결국 학교의 학교폭력 처리 과정 전체가 불신을 받고 민원이 제기될 가능성이 매우 커진다. 법조 브로커가 등장하고 전문 변호사가 개입하면 상황은 더욱 복잡해지고 시간도 오래 끌게 되어 사안 자체의 심각성 못지않게 그로 인해 파생되는 후유증으로 학교 현장이 엉망진창이 되곤 한다. 학교라는 공간을 책임지고 있는 교장이 자신의 지위를 적극적으로 활용할 수 있도록 제도를 개선할 필요가 있다.

04

학교폭력예방법을
교육적으로 개정하라
(학교폭력 매뉴얼에 대한 제안)

학폭위에서 가해학생에게 내리는 조치에 관한 사항을 살펴보자. 이 법률을 법 전문가가 만들었기 때문에 이와 같은 법이 만들어졌지만 만약 교육 전문가라면 어떻게 했을까?

▶ 학폭위는 가해 학생 선도·교육을 위해 가해 학생에 대해 다음 각 호의 어느 하나에 해당하는 조치(병과 포함)를 할 것을 학교장에게 요청하여야 하며, 그 적용 기준은 대통령령으로 정한다.

1호 서면 사과	2호 접촉, 협박 및 보복 행위 금지
3호 학교에서의 봉사	4호 사회봉사
5호 특별교육 이수 또는 심리치료	6호 출석정지
7호 학급교체	8호 전학
9호 퇴학처분	

「학교폭력 예방 및 대책에 관한 법률 제17조 ①」

교육 전문가라면 벌에 위계를 두지 않았을 것이다. 위 조치는 1호부터 9호까지 경중이 있다. 9호가 가장 심한 벌이고 1호가 가장 약한 벌이다. 단순히 보아도 9호보다 1호가 더 훨씬 가벼운 것이다. 따라서 몇 호가 처분되는지에 가해학생은 초미의 관심을 가지고 한 단계라도 낮은 처분을 요구하게 된다. 하지만 교육전문가가 만들었다면 어땠을까? 적어도 다음과 같은 원칙을 지켰을 것이다.

▶ 학폭위는 가해학생 선도·교육을 위해 가해학생에 대해 다음과 같은 원칙을 적용하여 가해학생이 잘못에 대한 진정한 책임을 배우도록 한다.

원칙1 : 잘못한 행동과 조치에는 반드시 연관이 있어야 한다.

> 예 친구에게 상해를 입혔다면 입원비에 대한 해결뿐 아니라 친구가 몸과 마음의 상처가 나을 때까지 보호하고 함께할 책임이 있다.

원칙2 : 가피해자 모두에게 도움이 되는 방식이어야 한다.

> 예 가해자로 인해 상처를 받았으니 똑같은 상처를 주는 것은 모두에게 도움이 되는 방식이 아니다. 마음의 상처는 진정한 사과를, 몸의 상처는 치료를, 관계의 상처는 회복을 하는 방식이어야 한다.

원칙3 : 단기적 효과뿐 아니라 장기적으로 효과적이어야 한다.

> 예 벌을 내리거나 격려하는 것은 단기적으로는 효과적이지만 장기적으로는 효과적이지 않다. 감정조절이 안 되는 아이에게 향신경성 약물을 투여하는 것도 단기적으로는 효과적이지만 장기적으로는 효과적이지 않는 것처럼 말이다. (다만, 어른의 경우 공황장애와 혈액 및 손상공포증의 경우 약물치료가 효과적임. 『긍정심리학』(마틴 셀리그만) 76쪽 참고)

원칙4 : 미성년 가해자를 대할 때 인격적으로 존중하는 태도를 보여야 한다.

원칙5 : 이런 처분을 함에 있어 피해 학생은 자신이 원하는 것을 적극적으로 말할 수 있으며 용서의 주체는 학교와 법률이 아니라 당사자 학생이 된다. 하지만 가해자와 공동체의 요구도 존중돼야 한다.

「학교폭력 예방 및 대책에 관한 법률 제17조 ①」

장기적으로는 법률의 교육적 개정이 반드시 이뤄져야 하겠지만, 단기적으로 우선은 현행 법률 안에서 새로운 시각으로 접근할 필요가 있다.

1호 서면 사과가 내려질 정도의 폭력이라면 심각성, 지속성, 고의성이 적은 사안이다. 서면 사과 정도의 사안은 학폭위가 아니라 학급 내에서 이루어져도 충분할 것이다. 2호 접촉, 협박, 보복행위 금지부터 3호 교내봉사, 4호 사회봉사, 5호 특별교육, 6호 출석정지 정도의 사안에 대해서는 학교에서 여는 학폭위에서 다루어도 된다. 7호 학급 교체, 8호 강제 전학이 내려질 정도의 사안이라면 학교가 아니라 교육청에서 담당해야 한다. 〈학교문제 전담기구〉에서는 사안을 접수하면 학급 내에서 교육적으로 해결해야 할 문제인지, 학교 내에서 규정과 함께 교육적으로 해결해야 할 문제인지, 학교 밖 교육청에서 전문적인 판단과 조치가 필요한 문제인지를 판단해서 합리적인 절차가 진행되도록 해야 한다. 하지만 현재로서는 이 모두가 불법이다.

'책임'은 영어로 'responsibility'이다. 'response (반응하다)'와 'ability (능력)'이 합쳐진 말이다. 즉 '반응하는 능력'이다. 초등학생과 중학생, 그리고 고등학생의 반응하는 능력은 다르다. 따라서 학교폭력 문제에 대한 접근도 달라야 한다. 학생들의 반응하는 능력에 따라 각기 다른 접근이 필요하다. 학교폭력 문제에 관한 접근은 크게 3가지로 나눌 수 있다. 첫째, 교육적 접근이다.

문제 상황은 아이들이 사회적 기술과 문제 해결력을 기를 수 있는 기회이고 학교라는 공간은 안전하게 실수로부터 배워가는 공간이라는 시각이다. 둘째, 회복적 접근이다. 문제 상황에서 당사자끼리 공동체 구성원으로서의 관계에 초점을 두고 관계를 회복하고 복원하는 것에 중점을 둔다. 마지막으로 사법적 접근이다. 사회 구성원으로서 법률이 있고 그 법률 안에서 자신의 행동에 책임을 지는 것을 의미한다. 이때 중심은 법률이 되며, 아이의 잘못에 대한 판단은 교육적 접근이나 회복적 접근 보다는 객관적인 법률에 기초하여 공정하게 판결을 해야 한다는 관점이다.

초등학교는 교육적 접근으로

초등학교의 학생들은 발달 단계 상 다양한 모험을 시도하는 시기이다. 사회 공동체를 처음 시작하는 과정에서 관심과 힘, 재미를 얻으려는 다양한 시도를 한다. 이런 시행착오를 통해 성장하고 배운다. 공동체 생활 속에서 친구와 비교, 경쟁을 통해 열등감과 우월감 등 매우 역동적인 감정을 경험한다. 초등학교 단계에서는 아이들을 비교와 경쟁보다는 고유성을 존중하고 협력적인 방식으로 교육해야 하며 문제 해결에 있어서도 비난과 수치심, 낙인, 분리보다는 격려와 실수로부터 배우고, 협력하며 서로 다름을 존중하는 방식으로 해야 한다. 초등학교 단계에서 배워야 할 중요한 것을 정리하면 다음과 같다.

1. 내가 문제아가 아니고 내 행동이 잘못된 것이다.
2. 실수는 배움의 기회이다.
3. 세상에는 다양한 해결책과 다양한 사람이 있어 오히려 안전한 것이다.
4. 난 능력이 있고 스스로 나의 문제를 해결할 수 있다.
5. 경쟁을 하는 것보다 협력을 하는 것이 나와 우리에게 이로운 방향이다.
6. 문제가 생기면 타인을 통제하기보다 나를 조율하는 것이 현명하다.
7. 나와 관련된 문제를 내가 선택할 수 있고 선택에 대한 책임도 나에게 있다.

이렇게 초등학교 시절부터 인간 관계에서 드러나는 여러 문제를 해결하는 기술을 알려주고 삶을 살아가는 능력, 친구를 맺는 방법을 알려준다면 중학교, 고등학교 나아가 성인이 되어서도 건강한 시민으로서 직장과 가정에서 역할을 할 수 있게 된다. 『학급긍정훈육법(제인 넬슨 외, 2014)』은 이런 패러다임을 구체화하는데 많은 도움을 주고 있으며, 『학급긍정훈육법 활동편(테레사 라살라 외, 2015)』은 사회적 기술과 삶의 기술을 어떻게 교육하는지를 자세하게 담고 있다. 『학급긍정훈육법 문제해결편(제인 넬슨 외, 2016)』은 상황별로 문제를 어떻게 해결하는지를 제시하고 있다.

중학교는 회복적 관점으로

우리는 정의를 응보로 정의하지 말고, 원상회복으로 정의해야 한다. 범죄가 손해라면, 정의는 손해를 배상하고 치유를 촉진하는 과정이다. 원상회복 행위는 범죄의 해악과 평형을 이루어야 한다.

> 정의는 단순히 과거의 상태로 돌아가는 것을 의미하는 것이 아니라 새로운 방향으로 이동하는 것을 의미한다.
>
> (『회복적 정의란 무엇인가』, 하워드 제어, KAP, 2011)

초등학교 단계가 친구 관계를 맺는 방법, 갈등을 해결하는 방법, 원하는 것과 해야 하는 것을 조화시키는 과정이라면 중학교는 배운 것을 스스로 적용하고 실천하는 과정이다. 친구끼리의 갈등에 있어서도 단순한 사과와 피해보상이 아닌 갈등해결에 대한 정의를 새롭게 인식하고 적용해야 할 필요가 있다. 친구에게 피해를 주었다면 미래 지향적으로 피해를 원상회복하는 과정을 경험하고 서로가 존중하는 관계를 만들어야 하는 단계이다. 회복적 교육 실천에 관해서는 박숙영의 『회복적 생활교육을 만나다』를 비롯해 최근 다양한 책들이 출판되고 있다.

고등학교는 사법적 관점으로

고등학교를 졸업하면 성인이 된다. 자신의 삶을 스스로 결정할 수 있지만 자신의 실수도 오롯이 책임져야 하는 나이이다. 사회인이 되기 직전의 고등학교 시절에 그 준비와 연습을 할 필요가 있다. 사회의 법률과 학교에서의 규칙을 정확히 안내하고 이를 바탕으로 준법 시민 훈련을 해야 하는 시기인 것이다. 이 과정에서도 단순히 법적 책임을 지는 것으로 끝나는 것이 아니라 초등학교에서 익힌 교육적 접근과 중학교 시절 배운 회복적 접근을 함께 활용한다. 실수를 통해 배우려는 교육적 접근, 상대의 몸과 마음에 난 상처를 진심으로 공감하고 위로하며 관계 회복을 위해 노력하는 회복적 접근을 포기하지 않는다면 우리 사회를 좀 더 따뜻한 공동체로 성장시킬 수 있을 것이다.

05

부모, 교사, 학교의 역할을
제자리로

부모 : 변호인에서 부모의 역할로

1. 입에 음식을 넣고 말하지 않기
2. 자기자리 정리하기
3. 선생님, 친구들에게 기본적인 예의 지키기
4. 물건 아껴 쓰기

위 내용은 교사가 학교에서 가르치는 것일까? 아니면 가정에서 부모가 가르쳐야 하는 것일까?

최근 인터넷에 올라온 내용이다. 유럽의 한 학교에서 이런 내용은 가정에서 부모들이 가르쳐야 할 것이고, 학교는 기본 습관이 갖추어진 학생들에게 학문적인 것들과 고등적인 사회기술을 알려주는 공간이라고 했다 하여 이슈가 되었다.

『긍정의 훈육』에서는 훈육의 과정에서 아이들에게 어떤 배움이 일어나는지를 유형별로 다음과 같이 정리하고 있다.

사용한 훈육법	아이들이 배우게 되는 것
찰싹 때리기	사람들을 때려도 괜찮아
소리 지르기	듣지 않기
위협하기	부모가 이야기하는 것을 믿지 않기
벌주기	싸움/회피
생각하는 의자에 앉기(부정적)	저항/반항
특권 뺏기	복수할 방법과 걸리지 않는 방법 생각하기
관심 두지 않기	마약중독(게임 등.)
칭찬(Praise)	조르기
보상	요구하기
과잉보호	난 능력이 없어
구제하기	경계가 없는
아이에게 지기	소속되지 않은
포기하기	포기하거나 위험한 방법으로 인정을 받으려함.

아이의 문제를 대신 해결해 주는 과잉보호의 훈육 형태는 장기적으로 아이의 의존성을 키워 결국에는 독립할 수 없는 나약한 사람을 만들고 만다. 안전과 관련된 위험한 상황이 아니라면 아이 스스로 문제를 해결할 수 있는 기회를 주어야 한다.

『긍정의 훈육』에 따르면 아이는 선택−책임−결과라고 하는 일련의 과정을 통해 배운다고 한다. 이 과정을 신뢰하고 부모가 전혀 개입하지 않을 때 이를 '자연적 결과(Natural Consequence)'를 통한 배움'이라고 한다. 물론 아이가 안전하지 않는 상황에서는 개입(intervention)할 수 있지만 어디까지나 부모의 역할은 아이가 항해를 하는 것을 돕는 역할이지 아이의 운전대를 직접 잡는 것까지는 아니다. 마찬가지로 학교폭력 문제에 있어서도 아이들 사이에서 있을 수 있는 일들까지 부모가 운전대를 잡는 것은 아이들이 스스로 성장할 기회, 선택과 책임, 그로부터 경험하는 배움을 뺏고 마는 결과를 낳는다. 따라서 부모는 아이의 인생의 운전사의 역할을 내려놓고 옆자리에 앉아 장애물을 제거해 주고 일어날 일들에 대해 질문을 하며 아이가 현명한 판단을 할 수 있도록, 그 과정에서 스스로 성장할 수 있도록 지지하고 격려하는 역할로 돌아가야 한다.

교사 : 행정사무원에서 교사의 역할로

1. 놀린 것은 사실이지만 상대방도 예전에 놀린 적이 있었음을 밝히는 일
2. CCTV를 돌려 사실관계를 확실하게 확인하는 일
3. 문제 해결 과정에서 담임교사가 행정적 절차를 잘못한 것에 대해 행정적 문제를 제기하는 일
4. 끝까지 법적으로 해결하자며 모두를 힘들게 하는 일

위의 내용은 어떠한가? 시시비비를 가리는 일, 아이들의 다툼을 행정적으로 처리하는 일, 일어난 다툼을 행정적으로 처리하

며 실수에 대한 민원을 해결하는 일을 담임교사가 모두 도맡아 하고 있다면 과연 그런 상황에서 나머지 학생들을 잘 교육할 수 있을까?

다시 말하지만, 두려움과 배움은 함께할 수 없다. 교사가 불안한 상태인 채 학생들을 학문적으로나 정서적으로 잘 교육하는 것은 불가능하다.

'아이들은 싸우면서 자란다'는 전제를 앞세워 학생들 사이의 갈등이나 싸움에 교사가 미온적으로 대처한다면 이 역시 반성해야 하는 부분이다. 아이들은 싸우면서 자라는 것이 아니라 갈등을 해결하면서, 자신의 행동에 대한 책임을 배우면서 성장한다. 아이들이 싸우는 상황은 자신의 감정을 알아차림(awareness), 감정 조절(self-regulation), 대화 기술(communication skill), 문제 해결력(Solving Problem Skill), 공감 능력(empathy) 등을 배울 수 있는 장이다.

『학급긍정훈육법』에서는 이러한 사회적 기술을 학생들에게 어떻게 효과적으로 교육하는지 체계적으로 제시하고 있다. 또한 정유진의 『학급운영시스템』 중 4장 〈학급운영시스템 운영하기〉에는 학생들에게 할 수 있는 효과적인 질문과 문제 해결법이 정리되어 있다. 또 학생들이 다투었을 때 사용하는 〈감격해 카드〉를 활용해 보자. 서로의 감정을 나누고, 서로를 격려하며 해결책을 찾는 이 과정은 매우 간단하면서도 효과적으로 문제를 해결할 뿐 아니라 감정 인식하기, 감정 나누기, 격려하기, 해결책 찾기 등 다양한 사회적 기술을 익힐 수 있게 해준다. 『회복적 생활교육 어떻게 실천할 것인가』(마키릿 소스본 외, 2017)에서도 다양한 방법을 제시하고 있다. 진정한 책임이란 상대가 받은 상처를 치유하는 것이라고 정의하고 이를 위한 해결과정에 비폭력 대화를 결합했다.

학교는 교사가 수업과 학생에 집중할 수 있게 해 주는가, 아니면 다른 일들에 더 많은 노력을 기울이게 하는가? 외국 학교들에 비하면 우리 교사들은 교육이 아닌 일에 쏟는 시간이 상당히 많은 편이다. 학급운영 역량이 뛰어나고 아이들과 함께하고자 하는 열정이 있는 교사라도 학교에서 무거운 보직을 맡아 업무량이 증가하면 아이들에게 충분한 관심을 갖기 어렵다. 특히아직 학급운영 경험이 부족한 초임교사들이 어려운 일을 맡게되면서 생기는 문제도 적지 않다. 교사들이 학생과 수업에 집중할 수 있도록 기타 업무를 최소화해야 한다.

학교 : 사법기관에서 교육기관으로

상황 1

학교에서 아이들의 다툼이 일어났다. 교사, 학부모, 전담경찰등으로 구성된 학폭위에서 가해학생에서 어떤 벌을 주어야 할지 몇 호를 처분해야 할지를 논의한다. 3주 후, 교내 봉사 활동의 처분이 내려지고 가해학생측 부모는 이 처분에 동의할 수 없다며 도 교육청에 재심을 요청한다. 이 상황에서 기간제 생활부장의 절차상 실수가 밝혀지고 피해자와 가해자의 다툼이 학교와 학부모 사이의 분쟁으로 확대된다.

상황 2

학교에서 아이들의 다툼이 일어났다. 담임교사가 이들을 불러 미리 정한 문제 해결 기술을 활용하여 갈등 해소를 돕는다. 가해 학생에게는 자신의 실수를 어떻게 보상하고 해결할지 묻고 이야기를 나눈다. 피해 학생에게는 마음이 어땠는지, 어떤 해결을 원하는지 물어본다. 둘이 서로 마음을 나누게 하고 더 좋은 해결책은 없는지 앞으로 어떻게 할지를 의논한다. 이 과정이 잘되지 않을 경우, 학교 전문 상담교사의 지원을 받아 이 문제를 어떻게 해결할지, 학생들에게 어떤 도움을 줄지 통합적으로 의논한다.

위의 두 가지 상황 중 어느 쪽이 바람직한 학교의 모습일까? 이 책을 읽는 당신은 교사일 수도, 학부모일 수도, 학생일 수도 있다. 자신의 입장과 역할을 내려놓고 위 두 가지 상황 앞에서 우리가 어떤 학교를 지향해야 할지를 생각해 보자. 다음 세대를 위해 어른으로서 과연 어떤 학교가 필요한지를 결정해야 한다. 지금의 학생 세대 역시 훗날 그 다음 세대를 위한 결정을 하게 될 것이다.

가해학생의 폭력성이 지나치게 부각되어 사회가 흥분하면 가급적 빨리 응징하고 싶은 마음만 부추기고 생각은 단순하게 만든다. 폭력적인 상황이 발생하게 된 원인과 배경을 모두 살피면서 복잡하게 얽힌 실타래를 풀듯 다뤄야 하는 문제를 두고 싹둑싹둑 가위질을 해버린 것이 지금의 학교폭력 대책이다. 문제를 해결하기 위해 만들었지만 문제를 더 심각하게 만든 대책이다. 이제 복수와 응징의 충동에서 벗어나 차분한 마음으로 다시 생각해야 한다.

학교폭력이 발생하면 흔히 하는 말, "어느 학교래?" 폭력이 발생한 장소가 학교인 경우, 사람들의 관심은 '학교'라는 사건 현장에 집중된다. 하지만 차분하게 학교 주변을 살펴보면 의외로 많은 기구가 있음을 알게 된다.

우선 일선 학교 위에는 지역 교육지원청이 있고 그 위에 시도 교육청이 있으며 더 올라가면 교육부가 있다. 교육부-시도 교육청-지역교육지원청-단위 학교로 이어지는 체계 속에서 학교는 과연 어떤 위치에 있을까? 이는 무엇을 기준으로 보느냐에 따라 다를 것이다. 국가의 교육 정책을 실행하는 곳이 학교라면, 가장 말단에 있는 학교보다는 정책을 계획하고 실행하고 감독하는, 학교 위에 있는 기관들이 더 중요하게 보인다. 하지만 실제 학생들을 위한 교육이 이루어지는 곳은 학교뿐이다.

학교의 상급 기관 또는 관리 감독 기관이라는 말은 쓰면 안 된다. 그렇게 규정하면 학교 현장에서 진행되는 교육을 방해할 가능성이 매우 높아지기 때문이다. 학교 바로 위에 있는 지역 교육지원청이라는 이름처럼 시도 교육청과 교육부 앞에도 '지원'이라는 말을 넣어야 한다. 그렇게 해서라도 이 기관들이 학교를 관리·감독하는 기관이 아니라 지원하는 기관임을 분명히 해야 한다. 학교에서 교사와 학생 사이에 이루어지는 교육 활동을 방해받지 않으려면 말이다.

이번에는 학교 주변을 살펴보자. 가깝게는 경찰서가 보이고 조금 멀리는 검찰청과 법원이 보인다. 학원들도 즐비하다. 그속에서 유독 학교만이 모든 학생들의 배움과 성장을 책임지는 공식적인 교육기관이다. 그렇다면 다른 성격의 기관들은 학교를 어떻게 대해야 바람직할까?

나라의 미래는 교육에 있다고 하는데 그 교육을 책임지고 있는 학교를 돕지는 못할망정 방해해서는 곤란하지 않겠는가. 학교는 현재 사면초가 상태다. 교육 관련 기관의 지시를 받아 행정기관이 되고, 법 집행의 역할을 떠맡아 사법기관이 되기도 한다. 학교폭력 문제가 발생하면 학교는 사실상의 1심 재판을 하는 사법기관이 되고, 더불어 관련 절차를 행정적으로 문제없이 처리해야 하는 행정기관의 역할도 요구받고 있다.

학교폭력은 학교를 순식간에 변질시킨다. 학생을 만나야 할 시간에 사건 관계자들과 씨름을 해야 하고 교육을 해야 할 시간에 잘잘못을 따지고 관련 서류를 만들어야 한다. 학교의 존재 이

유인 교육 활동을 하는 시간보다 교육의 본질과는 무관한 잡무에 더 많은 시간을 쓰고 있다. 이런 학교의 현실을 제대로 보고 나서 학교폭력 대책을 마련했다면 어땠을까. 학교폭력 관련 대책이 실제 시행됐을 때 학교라는 곳에 어떤 일이 벌어지고 그 영향으로 어떤 일들이 나타나게 될지 신중하게 치밀하게 따져봤다면 과연 그런 대책을 만들 수 있었을까?

이와 관련한 설문 조사가 있었다. (「서울신문」, 2월 21일~28일, 전국 초중고 교사 927명 온라인 설문 결과)

질문 : 학기 초나 학기 중 수업과 관련 없는 행정 업무로 인해 수업 준비 등에 지장을 받은 경험은?
응답 : 있다 97.9% 없다 2.0 무응답 0.1

질문 : 과거와 비교했을 때 교사의 행정 업무량 변화는?
응답 : 과거보다 줄었다 12.3% 과거와 비슷하다 25.6 과거보다 늘었다 62.0 무응답 0.1

단위 학교는 교육이 아닌 소모적 행정 업무에 신음하고 있다. 잡무를 없애달라고 수없이 외쳤건만 달라진 게 없다니 기가 막힐 노릇이다. 학교폭력 관련 행정 업무까지 처리해야 하는 상황은 딱 엎친 데 덮친 격이다. 사회 구성원 모두가 몹시 흥분한 상태에서 '학교가 잘못을 했으니 책임도 학교가 지라'는 식의 여론에 떠밀려 사법적 처리 과정에 준하는 학폭위까지 열어야 하는 처지다.

학교에서 폭력 문제가 발생하면 학교가 정상적인 교육 활동을 하기 어려워지니 학교 현장을 어떻게 보호하고 지원할 수 있을까, 교사와 학생 사이에 이루어지는 교육 활동이 학교폭력 문제 때문에 방해받지 않게 하려면 어떻게 해야 할까 하는 고민을 한번이라도 했을까? 또 이런 의문도 생긴다. 과연 학교폭력 관련 대책이 별도의 법률로 만들어진 이후에 학교가 어떻게 달라졌는지, 전과 비교했을 때 어떤 차이가 있는지 살펴보는 노력은 있었을까?

학교폭력 문제를 정해진 법률에 따라 처리하면 할수록 학교의 본래 기능인 교육 활동은 어렵게 되어가는 역설적인 상황이 벌어지고 있다. 폭력 예방 차원에서 교사와 학생 사이에 반드시 필요한 인간적 교류는 학교폭력 사후 처리 때문에 어렵게 되고 말았다. 학폭위를 준비하다보면 학교의 평화를 위한 노력은 뒷전으로 밀릴 수밖에 없다.

학교폭력 문제의 해결 주체를 단위 학교로 전가하여 그에 따라 불가피하게 동반된 학교 현장의 이러한 피해는 누가 책임질 것인가? 감당할 수도 없고 감당해서도 안 되는 학교폭력 관련 대책을 통째 떠안은 학교를 향해 책임을 회피한다거나 은폐 또는 축소 시도를 한다는 식으로 비난하는 것은 적반하장이 아닐까. 학교를 교육기관이 아닌 행정기관, 사법기관으로 변질시켜버린 요인들을 보지 못한 짧은 생각, 신중하지 못한 판단이 안타깝다.

06

다시,
아이들을 바라보자

개인의 사회적 책임

개인의 자유와 권리를 누리기 위해서는 사회적으로 짊어져야
하는 책임도 있다. 무인도에 혼자 산다면 아무런 사회적 책임도
의무도 없을 것이지만 사회는 다양한 사람들의 요구와 자유, 권
리가 충돌하는 공간이다. 이 속에서 발생하는 문제들을 공평하
고 정의롭게 해결하기 위한 약속들이 있고 우리는 자라나는 아
이들이 그 약속을 존중하도록 교육할 의무가 있다.

자라나는 학생들은 다음 세 가지를 존중하는 법을 배워야 한다.

첫째, 타인을 존중하는 것이다. 내가 소중한 것처럼 타인의
자유와 권리도 소중한 것이다.

둘째, 나를 존중하는 것이다. 타인의 인정 때문에 타인의 기
대에 맞추어 사는 것이 아닌 자신의 목소리에 귀를 기울이며 자

신의 삶을 자립적으로 살아가는 것이다.

셋째, 공동체가 만든 규칙을 존중하는 것이다. 내가 동의하지 않은 규칙들도 있다. 모든 규칙을 내가 만든 것은 아니다. 내 전 세대가 만들었을 수 있다. 하지만 이런 규칙들도 존중해야 한다. 또 내가 어른이 되면 다음 세대를 위한 약속을 만들 수 있을 것이다. 좀 더 구체적으로 들어가서 학교에서 두 사람 사이에 다툼이 일어났을 때, 우리가 적용해야 할 사회적 책임은 무엇일까? 좁게는 나와 다툰 친구에게 미친 신체적, 정신적, 재산상의 피해를 의미한다. 넓게는 그 불편한 상황을 함께 한 친구들, 교사에게 미친 영향을 포함하게 된다. 따라서 개인의 사회적 책임은 다음과 같은 것을 포함한다.

1. 상대의 입장이나 처지가 되어 상대의 마음을 헤아리려 노력하기
2. 내가 상대에게 불편하게 한 말이나 행동에 대해 사과하기
3. 재산상의 피해가 있었다면 변상하기
4. 앞으로는 이와 같은 말과 행동을 하지 않겠다고 약속하기
5. 상대에게 정중하게 사과를 해줄지에 대해 물어보기
6. 상대가 지금 사과를 받아주지 않더라도 천천히 노력하며 자신의 실수를 행동으로 보여주기

이것이 좁은 의미에서의 사회적 책임이고 넓은 의미에서의 사회적 책임은 위의 과정에서 관계된 모든 사람에게 사과하는 것을 포함한다. 치유와 회복은 이와 같은 과정을 통해 찾아온다.

몸에 난 상처는 곧 새살이 돋아나지만, 마음에 난 상처는 지워지지 않는 기억이 된다. 아이들의 마음에 난 상처를 치료하기 위해 교사와 부모는 어떤 도움을 줄 수 있을까? 먼저 아이들의 마음을 살펴보아야 한다. 세계 3대 심리학자인 알프레드 아들러에 따르면, 아이들의 문제행동은 연결되고 싶은 소속감(sense of belonging)과 의미 있고 중요한 존재가 되고 싶다는 자존감(significance)을 찾기 위해 일어난다고 한다. 소속감과 자존감에 상처를 받아 낙담한(discouraged) 아이는 소속감과 자존감을 획득하기 위해 네 가지 방법을 사용한다고 한다. 그 네 가지 방법은 관심 끌기, 힘의 오용, 보복, 무기력이다.

학교폭력 사건을 들여다보면 관련 학생들 사이에 이 네 가지 요소가 모두 나타난다. 이를 어떻게 바로잡고 치유할 수 있을까?

국회에서 열린 〈학교폭력예방법 개정 토론회〉에 여러 사람들이 참석했다. 변호사, 회복적 생활교육을 실천하는 교사, 피해 학생들의 부모 모임, 학교의 생활부장 등이었다. 그런데 토론은 매우 묘하게 흘러갔다. 모든 주체들의 의견이 달랐기 때문이다.

변호사들은 학교의 분쟁을 이제 학교 내에서 해결하기를 바란다고 했다. 학부모와 학생, 학교라는 복잡한 관계속의 분쟁을 해결하는 법을 알게 되었으니 이제는 학교 스스로가 해결하라는 주장이었다. 회복적 생활교육을 실천하는 교사는 지금의 학교폭력예방법이 학생들의 회복보다는 응보적 사법적 관점에 있으니 패러다임의 전환이 필요하다고 했다. 피해 학부모는 가해학생으로부터 받은 피해가 평생 지속되니 보다 강력한 법으로 피해 학생들을 보호해야 한다고 주장했다. 마지막으로 학교의 생활부장은 학교폭력이 일어나면 처리해야 할 행정적인 업무들을 간소화할 수 있도록 법을 개정하여야 한다고 주장했다. 각자의 관점에서는 모두 옳은 주장이다. 아이들이 다투었을 때도 마찬가지다. 양쪽 주장이 그들의 관점에서는 모두 사실이고 정의일 수 있다.

격려와 존중

다시 상처를 입은 아이들이 어떻게 치유되고 회복될 수 있는가라는 주제로 돌아가보자. 피해를 받은 학생은 가해학생으로부터 진정한 사과를 받으면 회복된다. 피해를 입은 사람의 상황과 처지에서 그 마음을 살펴봐 주는, 존중받는 사과를 원하는 것이다. 영어로 존중은 'respect'이다. 여기서 'spec'은 '보다'의 의미이고 're'는 '다시'라는 의미를 가지고 있다. 치유를 위해서는 서로가 다시 보아야 하는 것이다. 나의 관점이 아닌 상대의 관점에서 다시 보아야 한다. 이것이 존중이고 이러한 존중을 통해야 다투었던 두 사람의 관계가 회복된다.

아이들이 상대의 처지가 되어보는 방법은 두 가지가 있다. 하나는 역할을 바꾸어 역할극을 해보는 것이다. 배움의 피라미드에서 보듯이 배움은 듣기보다 경험하기가 훨씬 효과적이므로 상대의 마음을 일방적으로 듣는 것보다 경험하는 역할극을 해보는 것이 좋다. 두 번째 방법은 마음이나 감정을 나누는 방법이다. 이때 감정 단어를 고르게 하는 활동을 해보면 도움이 된다. 감정 단어를 고르면서 내 감정을 보다 자세하게 들여다 볼 수 있기 때문이다. 각자가 왜 그 감정 단어를 골랐는지 친구와 함께 진솔하게 이야기를 나누게 하면 된다.

치유와 회복에 또 한가지 필수적인 것은 아이들에 대한 격려이다. 격려는 영어로 'encouragement'인데 '용기'라는 'courage'에 '불어넣다'의 'en'을 붙인 것이다. 따라서 용기를 불어 넣는 것이 격려이다. 격려는 칭찬과 달리 꼭 잘했을 때만 받는 것이 아니라 잘하거나 실수하거나 언제든 주고받을 수 있다. 좀 더 우월한 사람이 그렇지 않은 사람에게 하는 평가를 포함하는 것이 칭찬이라면 격려는 수평적인 관계에 있는 사람들끼리, 심지어 학생이 교사에게도 할 수 있는 매우 자연스러운 의사소통이다.

07

학교가 먼저
반성하자

학교폭력의 뿌리

필자가 교사로 임용되던 2012년은 학교폭력예방법 본격 시행과 로스쿨 출신 변호사 유입으로 인해 학교폭력 관련 교육적 혼란이 극심해지기 시작할 때다. 생활지도와 학교폭력 업무는 모든 교사가 기피하여, 전입교사나 신규교사, 심지어는 기간제 교사가 떠안기 십상이었고, 남자 교사면 피해가기 더욱 힘들었다. 필자 역시 그 역할을 맡게 되었고, 당시 송형호 선생님이 만든 〈돌봄치유교실〉 네이버 카페와 〈전국 생활부장 포럼 단체 카톡방〉의 도움을 받으며 성장해왔다. 현재는 운영진으로 활동 중이다. 그간 전국 수백 건의 학교폭력 사건을 접하고 대응 방안을 함께 고민해왔다.

학교폭력 발생의 근본적인 원인과 해결책을 들여다보니, 이 문제가 입시와 긴밀히 연결되어 있음을 깨닫게 되었다. 우리나라 교육은 대학 입시에 종속되어 있으며, 이것은 우리 교육을 상당히 망가뜨리고 있다. 초등학교에서는 건전한 신체, 정서-도덕성 발달과 학습 동기 함양이 무엇보다도 중요하다. 그러나 이것은 초등시기부터의 지식 주입 교육과 이 책에서 강조하고 있는 학급의 〈문제예방해결시스템〉의 부재로 인해 제대로 교육을 받지 못한 채로 상급 학교에 진학한다. 갈등을 효과적으로 해결하는 사회적 기술을 배우지 못한 채, 〈놀욕때빼험따〉의 미숙한 방법을 사용하며 상급학교에 진학한다. 따라서 〈놀욕때빼험따〉는 초등학교뿐 아니라 중고등학교에서도 빈번히 일어난다. 콜버그의 도덕성 발달 6단계에서 최하위에 해당하는 〈벌 회피, 보상 지향〉은 고등학생들의 사고방식을 여전히 지배하고 있다. 아이의 학업 성적에 따른 부모님의 벌과 보상이 체화된 결과다. 그조차 없이 방치된 채 성장한 경우도 적지 않다. 교사들도 사정이 크게 다르지 않다. 교학상장(敎學相長)의 기쁨 같은 내재적 동기보다는 승진점수나 성과금, 징계 같은 벌-보상의 외재적 동기에 의해 통제받는 현실에 놓여있다.

잠시 우리 교육을 되돌아보자. 우리나라 근대화 과정의 중요한 요인으로 일제 식민지배와 군사정권을 들 수 있다. 일제 강점기 시절, 학교는 효율적인 식민지배와 조선인 신민 양성을 위해 구조화되었다. 서양 문물에 대한 지식 주입을 위해 소품종 대량생산하는 공장처럼 다수에게 최대한 주입·암기시키고, 그 양으로 서열을 매겨 관리에 임명하거나 취직할 수 있게 하는 구조는 일본의 영향을 받은 것이다. 이는 우리의 현 입시제도 하에서의 대학 서열화와 직장의 승진 체계에 고스란히 남아있다. 이런 방식은 급속한 근대화에는 기여했겠지만, 수많은 병폐를 키워왔다.

게다가 우리나라에서 행해진 일본식 근대 교육은 그 목적이 황국 신민으로서의 노예 양성으로, 시키는 대로 일 잘하는 사람을 키우는 데 집중되어 있었다. 총독부에서 파견한 교장이 조선인들을 감시·통제·억압하는 구조는 군사정권으로 고스란히 계승되었다. '대통령-교육부-교육청-교장-교사-학생'으로 이어지는 체제는 일제 강점기의 '천황-총독-도장관-군수-교장-교원-학생'의 위계 질서로부터 비롯되었다. 졸업 후 학교에 근무하다가 군에 입대한 사람들은, 학교와 놀랍도록 흡사한 군대 체제에 놀라게 된다. 병사들을 다루는 방식은 마치 학교에서 학생들을 다루는 것 같다. 학교보다 단계가 좀 더 세분화되었을 뿐, 군대의 승진 방식 또한 학교와 마찬가지다. 폭압을 정당화하는 이러한 구조는 교직에서 학생들 사이에까지 적폐로 남아있다. 학생들은 사회의 거울과 같아서 보고 배운 대로 본능에 따라 행동할 뿐이다.

〈국가수준 학업성취도평가〉의 영향도 살펴봐야 한다. 교육의 성과가 뚜렷이 측정되는 분야가 바로 학업 성적이다. 이명박 정부 때 본격적으로 확산된 〈국가수준 학업성취도평가〉 일명 일제고사는 교육을 상당히 왜곡시켰다. 이 시험은 우수학력·보통학력·기초학력·기초학력미달의 4단계로 학생을 나눈다. 2012년도에는 각 고등학교 학생들의 학업성취도를 중학교 때와 비교한 결과가 언론에 보도되기도 했다. 필자가 근무한 서울형 혁신학교인 신현고는 학업성취도 하락률로 서울시 2위를 기록했다. 쉽게 말해, 고등학교에 진학해 중학교 때보다 성적이 하락한 학생의 비율이 서울시 2위라는 말이다. 이러한 〈성적 하락 비율 조사〉는 문제를 해소하기 위한 효과적인 지원책 마련보다는 학교에 낙인을 찍는 효과가 더 컸다. 국가 방침에 따라 정확히 시험 절차를 지킨 신현고는 큰 불명예와 낙인을 얻었고 전국의 많은 학교는 그 낙인을 피하기 위해 교육부에서 금지하고 있는 일들을 했다. 기출문제 풀이로 학생을 훈련시키거나, 성적 낮은 학생은 시험을 보지 못하게 하거나, 부정행위를 방조하는 등의 교육적 폐해가 늘어났다. 이로 인해 학교에 대한 전반적인 신뢰가 하락하는 것은 당연했다.

사실상 고등학교가 수직 서열화되어 있다는 것이 심각한 문제다. 중학교 정문에는 특목고와 자사고 합격 인원수가 자랑처럼 현수막으로 내걸린다. 고등학교에서는 서울대와 상위권 대학, 서울 소재 대학에 몇 명이 들어갔는지를 현수막으로 알린다. 물론 숫자를 부풀리기 위해서 중복 합격한 숫자를 거르지 않고 모두 합격생 숫자로 산입한다. 결국 전국의 고등학교 순위는 서울대 입학생 수로 매겨진다. 이것이 학교에서 그나마 측정 가능한 수치로 보여줄 수 있는 객관적 성과이다. 이런 성과로 인해 교사에게 주어지는 인센티브는 거의 없다. 대학 잘 보내기 위해 노력하는 교사를 탓할 순 없지만 문제는 이 과정에 생기는 수많은 비교육적 요소이다. 중하위권 학생들의 소외 현상이 대표적이다.

지금의 학교는 교사의 승진과 학생의 입시에 종속되어 있다. 사교육 잡기에 혈안이 되어 만들어진 제도가 도리어 사교육을 키우고 공교육을 황폐화한다. 제도가 바뀌어서 사람들이 익숙해진다 싶으면 그 폐단을 시정하기 위한 새로운 제도가 등장하지만, 결국은 거기 빠르게 대응하는 사람들이 이익을 취하는 것으로 귀결된다. 따라서 학교나 입시를 개혁한다고 하면 대다수의 국민들이 반대부터 하게 되어 입시제도 개혁에는 늘 제동이 걸린다.

입시제도의 이러한 모순은 학생들의 정서도 황폐화시켰다. 그 정점에 있는 것이 내신 상대평가이다. 학교 수업에 충실한 학생을 뽑되, 내신 부풀리기를 예방한다며 도입한 이 평가 방식 때문에 학교가 망가졌다. 학생들의 시험 성적을 소수점 차이까지 동원하여 촘촘히 서열을 매기고, 다시 일정 비율의 9개 등급으로 나눈다. 학생이 배울 것을 제대로 배웠는지는 알 수 없고, 상대적 위치만 나타내는 등급 나누기다. 수업의 내용이 좋든 나쁘든 학생들의 성적은 일정한 비율로 매겨지기 때문에 학생들이 상대적 우위에만 혈안이 되고 만다. 학교에서 많이 배울수록 경쟁이 심해지기 때문에, 학생들은 더 많이 배우기보다는 최소한으로 배우길 원하게 된다.

내신 성적 9등급 상대평가란, 100명의 학생 중 4등까지만 1등급을 받고, 5-11등까지는 2등급을 받는 식이다. 100점이 여러 명 나오는 동석차가 발생하면 중간석차 공식을 사용하는데, 8명 넘게 100점자가 나오면 이들 모두가 2등급이 되어 입시에서 상당한 불이익을 받게 되고, 교사는 평가 능력이 부족한 자가 되며, 학교는 학부모 민원으로 상당히 어려운 상황이 된다. 따라서 교사는 어떻게든 100점을 받는 학생이 8% 이하가 되게 해야 한다. 게다가 평소 실력이 월등한데도 실수로 하나 틀려서 2등급으로 밀려나는 학생이 없도록, 100점을 받는 학생이 1~2명이 되도록 출제해야만 한다. 1등급을 받지 못하는 학생들이 계속해서 낙오하도록 하여, 끝까지 살아남는 학생만이 상위권 대학에 학생부 전형으로 지원할 수 있게 만드는 구조이다.

교육적으로는 모두가 100점을 받도록 포기 없는 교육을 해

야 할 학교인데, 어떻게든 대다수의 학생들이 100점을 받지 못
하도록 평가해야만 하는 모순에 빠져 있다. 사교육 없이 정상적
인 교육과정 내에서 가르치고 출제하라고 〈선행학습 금지법〉이
제정되었지만 이 법은 교사들을 앞뒤로 옭아맬 뿐이다. 학교에서
는 정기고사에서 100점을 맞지 못하도록 대충 가르치며, 열심
히 공부한 학생도 어떻게든 실수하거나 시간이 모자라서 제대
로 풀지 못하도록 출제해야만 한다. 반면에 학생들은 1점이라도
더 올리기 위해 사교육에 의존하게 만드는, 치명적인 병폐를 일
으킨다.

학교는 상위권 대학에 진학할 수 있을 만한 학생들을 위해 운
영되고, 다른 학생들은 '내신 성적을 깔아주는 역할'로 취급되고
소외된다. 삶에 도움이 되는 교육보다는, 상위권 대학을 갈 학생
들을 위한 진학용 교육인 것이다. 따라서 상위권끼리도 과잉경
쟁에 빠지며, 중하위권의 분노는 상당히 커진다.

공교육을 향한 불신

문제는 이러한 상황이 입시뿐만 아니라 공교육 전반에 걸친
불신으로 이어진다는 데 있다. 초등학생의 중학교 입시는 일부
국제중학교를 제외하고는 일찍 폐지되어 초등교육의 정상화에
는 기여했다. 중학생의 고등학교 입시는 특목고 · 자사고를 준비
하려는 일부 학생들 때문에 전체 교육이 왜곡되었으나, 최근 성

취평가제 도입으로 완화되고 있다. 그러나 고등학교의 대학 입시는 여전히 오리무중이다. 우리나라 입시의 원형이라 할 만한 일본도 이러한 병폐를 벗어나기 위해 '새로운 메이지 유신'이라는 〈IB(International Baccalaurate)〉 도입을 본격화했지만, 우리나라는 아직도 해결해야 할 문제가 많다.

상위권 대학을 갈 수 있는 일부 상위권 학생을 위해 학교의 모든 교육 과정이 획일화되어 운영되고, 그 아래 학생들은 소외되거나 방치되는 현실이다. 수능 시험을 준비해야 하는 학생이 전교에 1명뿐이라고 해도, 대개의 학교는 고3 내내 수업 교재로 〈EBS 수능특강〉을 사용하고 있다. EBS에서 연계해 수능을 출제한다는데, 안 할 수가 없다. 체계적으로 실력을 키우기보다는 당장 눈앞의 문제 풀이에 매달리게 되어 있다.

필자가 이전에 근무한 학교에서 체육 중점 학급을 개설한 적이 있다. 고3에 들어와서 체대 입시를 준비하는 학생들이나 공부하긴 싫고 운동 좋아하는 학생들을 모아 오전에는 일반 과목을 가르치고, 오후 2~3시간 동안 전문화된 체육 수업을 진행하는 반이었다. 학생 희망에 따라 수학 같은 과목을 전혀 편성하지 않을 수도 있지만, 중상위권 체대에서도 수학 성적을 반영하기 때문에 성실하게 체대를 준비하는 학생에게는 수학 수업도 필요하다. 그런데 일반 학생들이 이런 분리 수업을 반대한다. 일반 교실에서 그런 학생들이 빠져나가면 수업 분위기상 좋아지는 면도 있을 텐데 반대하는 이유가 뭘까. 체육 중점 학급 학생들의 내신 산출을 따로 한다는 것 때문이다. 그렇게 되면 체육 중점 학급 학생 중 일부는 내신 성적에서 상당한 이익을 볼 수 있다. 체육 중점 학급 학생 20명끼리만의 경쟁이니까 일반적인 문과, 이과 학생들과 경쟁할 때보다 내신 성적 등급이 오르게 된다. 그런데 입시는 제로섬이라서 이득을 보는 학생이 있으면 반드시 손해를 보는 학생이 생긴다. 자기보다 성적이 낮은 학생들이 다른 과정으로 빠져나가면, 자기보다 낮은 등급의 성적으로 '깔아주는' 친구들이 적어진다. 그러면 자신이 받는 내신 등급에 불이익을 받는다는 것이다.

이런 상황을 보면 과연 이런 생각을 가진 학생들을 위해서 내신 상대평가를 지속해야 하는가 의문이 든다. 의문 정도가 아니라 허탈하기까지 하다. 학교 차원에서는 소외된 학생들을 배려하여 실질적인 수업의 질을 높이기 위해 노력하는 것인데, 일부 학생들은 자기 밑에서 낮은 등급을 받아줄 친구들을 줄이는 역효과를 느끼는 것이다. 그 학생들이 상위권 학생들 등급 지켜주려고 학교에 다니는 것도 아닌데, 그들에겐 그렇게밖에 생각되지 않는 것이다. 얼마 전에 그 학교를 방문해보니 체육 중점반에서는 성실하게 준비하는 학생 한두 명은 내신 1~2등급을 쉽게 따고 입시에 도움이 되었지만, 대부분의 학생들은 오히려 더 나빠져서 다음 해부터는 폐지할 거라고 했다. 체육 중점반을 만드느라 꽤 고생했는데 아쉽다.

현재 필자는 학교에서 과학 중점 학급 담임을 맡고 있다. 특목고와 자사고 입시에 실패하여 온 학생들이 대부분인 학급이다. 학생들과 신뢰가 형성된 후 선행학습에 대한 간단한 조사를 해봤다. 절반 이상의 학생들이 고등학교 입학 전에 고3까지의 수학, 물리, 화학의 선행학습을 마친 채로 고등학교에 입학한 것으로 나타났다. 유치원 때부터 계속된 선행학습으로 누적된 스트레스는 얼마나 클까. 계속 순응해 온 학생은 부모의 기대에 부응하지 못한 열등감에 시달릴 것이며, 순응하지 못하고 나가떨어진 학생들은 반(反)학교 무리를 형성하게 된다. 학업 스트레스는 밖으로는 학교폭력과 교권 침해로, 안으로는 우울증과 자살로 표출되기 마련이다. 문제는 상위권뿐만이 아니다. 학교가 상위권 학생들 위주로 운영되다보니, 중하위권은 소외되고 그들끼리의 반(反)학교 문화가 형성되는 것이다.

그렇다면 과연 대안은 없을까? 현재 학생부전형 입시에서는 내신 성적이 절대적인 영향력을 행사하고 있다. 종합전형에서 일부 보정하고 있다지만 이는 상위권 대학에 국한된 것이며, 고교등급제를 향한 의혹은 끊이지 않는다. 학생 선택에 의한 고교학점제를 시행할 예정이나, 이것이 제대로 정착되려면 내신 절대평가는 필수적이다. 그렇지 않으면 학생들은 양질의 수업을 선택하기보다는, 나보다 공부 못하는 학생들이 많이 선택하는 수업으로 들어가려는 눈치싸움만 더 심해질 것이기 때문이다. 현재 우리나라의 대학 서열은 급격히 붕괴되어 출신 대학 서열과 기업에서의 기여도가 정비례하지 않는다는 조사 결과가 계속 쏟아져 나오고 있다. 학교에서도 성적으로 인한 서열로 학생을 대우하기보다는, 학생의 소질과 적성에 따라 어떤 식으로든 인정받을 수 있음을 인식시켜야 한다. 1인1역 활동이나 다중지능에 근거한 수업 등이 필요하다.

교사와 학교가 먼저 변해야

교육의 질은 어차피 교사의 질을 넘지 못한다. 그런데 교사의 질은 승진 제도와 교사 연수의 영향을 받는다. 교직 경력 3년 이상이면 1급 정교사 연수를 받는데, 이는 교감 승진 전에 받는 마지막 자격 연수이다. 상대평가로 받는 연수 성적은 교사 전보나 교감 승진에 활용된다. 내신 상대평가가 이루어지는 교실과 마찬가지로 상당 비중이 암기형 지식이며, 서답형 문제도 출제 강사가 의도한 핵심어를 얼마나 썼는지로 채점이 이루어지는 일이 흔하다.

연수생끼리의 협력을 이끌어내기보다는 좋은 성적을 목적으로 각자 혹은 일부 친한 사람들끼리만 경쟁적으로 공부하는 현상은 고교 교실과 다른 점이 없다. 다 같이 힘을 합쳐도 모자랄 판에 파벌 짓기를 조장하고 있다.

인간에게는 주변 사람의 행동과 사고방식을 닮아 가는 기제가 있다. 집단을 효율적으로 유지하기 위해 진화하며 발달했을 것이다. 그런데 학교에는 교사가 학생에게 배운 것인지, 학생이 교사에게 배운 것인지, 어쩌면 보편적인 것인지 모르게 유사한 병폐가 관찰된다. 여느 집단과 마찬가지로 조직 내의 시기와 질투 그리고 뒷담화로 파벌을 만들어 싸우는 일은 고도의 도덕성이 요구되는 교사 집단에서도 찾아볼 수 있다.

학교가 학생들에게 그런 행동을 하지 말라고 가르치기 전에, 자신들도 그런 잘못을 저지르고 있지는 않은지 반성해야 한다. 학생들은 평소 교사의 언행과 태도의 영향을 크게 받는다는 사실을 잊지 말아야 한다. 친구들끼리 싸우지 말라며 호통치고 화내는 교사를 학생들은 신뢰하지 않는다. 학교생활이든 입시 지도든, 학교폭력의 피해자든 가해자든 학교를 겪으면 겪을수록 실망한다. 따라서 교사의 도움보다는 또래집단이나 학부모 모임, 사교육을 찾거나 인터넷 정보, 학교를 상대로 하는 법조 브로커에 더 의존하게 된다. 또한 학교의 허술한 학교폭력 대응을 겪어본 학생들의 폭력의 양상은 좀 더 교묘해지고 대담해진다. 사회를 놀라게 하는 흉악한 학교폭력 사건들이 중고등학생들에게 주로 나타나기 때문에 관심도 중고등학교에 집중되지만, 사실은 가정에서 제대로 돌봄과 교육을 받지 못했기 때문인 경우가 많다. 성장하면서 폭력적인 문화와 환경을 경험하거나 초등학교 때부터 제대로 된 사회적 기술과 문제 해결 방법을 익히지 못한 결과가 누적되어 나타나는 현상이 학교폭력이다.

교사 양성과 선발 과정에서 그리고 학교 운영에서 가장 중요한 것이 무엇인지, 무엇을 놓치고 있는지 깨닫는 데에 이 책에서 강조하는 문제 예방 및 해결 시스템이 크게 도움이 되었으면 하는 기대를 가져본다.

2018년 4월 27일, 남북의 정상은 휴전에서 종전으로, 무력에서 평화로 나아가자고 약속했다. 서로 손을 맞잡고 서로의 경계를 넘으며 협력의 시대를 알렸다.

우리의 학교에서도 모든 구성원들이 서로를 존중하며 협력적인 관계로 나아가고 있다. 그러나 존중과 협력의 태도가 하루아침에 생각만으로 몸에 배는 것은 아니다.

교사는 아이들을 존중의 방식으로 대하고 있을까.

교사문화는 협력적인가.

교사는 스스로를 돌아보아야 한다.

아이들은 어른들의 모습을 보며 자라기 때문이다.

미래를 준비하는 교실, 그 중심에 있는 교사는 존중과 평화, 배려를 실천하고 있는지를 사실 나도 협력적이지 못한 학교 문화 속에서 자랐다.

지난날의 학교는 협력보다는 통제와 경쟁의 장이었다. 경험하지 못한 것을 실천하고 가르치는 것은 교사에게 매우 힘든 일이다. 하지만 지금은 협력과 평화의 시대이고, 지금 자라나는 아이들에게 이를 잘 가르치면 이 아이들은 삶을 통해 평화와 협력을 경험한 교사와 부모가 될 것이다.

장기적으로는 제도를 바꾸고 문화를 바꾸는 노력을 해야 한다.

단기적으로 지금 당장 급한 것은 학교폭력으로 고통받는 아이들을 돕고, 재발을 막으며, 보다 안전한 학교를 만들어 나가는 것이다.

이 책이 하나의 촛불이 되어 마음을 모으고 서로를 연결하여 학교와 사회, 나아가 온 세상을 평화롭게 하는 데 도움이 되었으면 한다.

- 왕건환, 김성환, 박재원, 이상우, 정유진